4384

4° G
828

OUVRAGES DU MÊME AUTEUR

Les Contes de France (28ᵉ *mille*). Préface de Jules Simon, de l'Académie française. Un volume in-8° illustré. Adopté par le Ministère de l'Instruction publique et par la Ville de Paris. Relié....................... 3 50

Mission au Sénégal et au Soudan (*Mission d'études économiques des Chambres de Commerce du Nord*). Un volume in-8° illustré. Honoré des souscriptions des Ministères de l'Instruction publique, des Colonies, du Commerce et de l'Agriculture. Adopté par la Ville de Paris....... 5 »

A travers l'Indo-Chine (*Mission d'études du Ministère des Colonies*). Un volume in-8° illustré. Honoré des souscriptions des Ministères de l'Instruction publique, des Colonies et du Commerce.................... 6 »

POUR PARAITRE PROCHAINEMENT :

De Bordeaux à Kayes, par le Sénégal. Un beau volume in-8° jésus de 400 pages de texte, avec 80 illustrations.

Les Contes Coloniaux (*Héros inconnus*). Un volume in-8° illustré.

VOYAGES PITTORESQUES A TRAVERS LE MONDE

De Marseille aux Frontières de Chine

DROITS DE TRADUCTION ET DE REPRODUCTION RÉSERVÉS

Eug. LAGRILLIÈRE-BEAUCLERC

VOYAGES PITTORESQUES A TRAVERS LE MONDE

De Marseille
aux
Frontières de Chine

90 Illustrations d'après les Photographies rapportées par l'Auteur

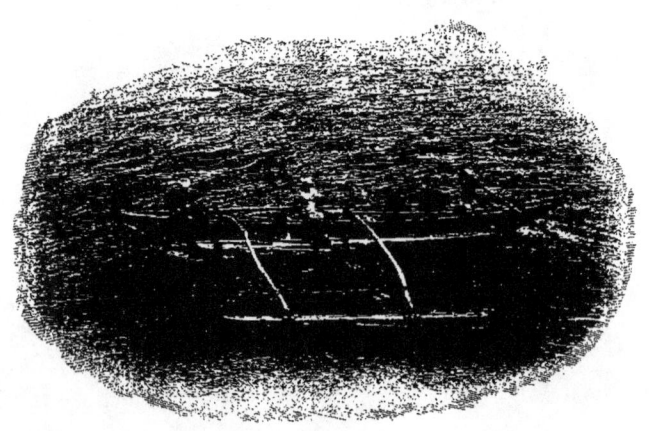

PARIS
LIBRAIRIE CHARLES TALLANDIER
4, RUE CASSETTE, 4

Maison à Lille : 11-13, rue Faidherbe

JE DÉDIE CE LIVRE

A M. Georges VANCAUWENBERGHE

Président-Fondateur du Sanatorium de Saint-Pol-sur-Mer

Je le lui offre comme un hommage rendu au philanthrope généreux et désintéressé, providence des petits souffreteux ;

Et comme un témoignage d'affectueuse sympathie à l'ami dont je n'ai cessé, depuis que je le connais, d'admirer la noblesse de caractère, la loyauté irréductible et l'inépuisable bonté.

E. L.-B.

Paris, 31 octobre 1900.

AVANT-PROPOS

Ce livre est le premier d'une intéressante série de *voyages vécus*.

A notre époque, le récit de voyage est particulièrement séduisant, les nouveaux moyens de locomotion pouvant permettre à un grand nombre de personnes des déplacements devenus faciles et des excursions vers de lointaines contrées.

Le tour du monde en quatre-vingts jours n'est plus un tour de force.

On fait mieux aujourd'hui, sans rencontrer sur sa route les péripéties qui agrémentèrent le voyage romanesque de Philéas Fog.

Aussi était-il utile de sortir du domaine du rêve pour entrer dans celui des réalités.

Les impressions d'un voyageur qui a vu les pays dont il parle, qui s'est trouvé mêlé, pendant quelque temps, aux populations dont il décrit les mœurs, qui a été le témoin et, parfois, l'acteur principal des aventures qu'il décrit, tout cela devait présenter un vif intérêt.

Et c'est pourquoi, désireux de réaliser cette nouvelle conception, nous avons fait appel à M. Lagrillière-Beauclerc, qui, chargé plusieurs fois de missions officielles à travers les continents, a rapporté de ses lointains voyages des cahiers de notes d'un caractère particulièrement intéressant.

L'auteur des *Contes de France* est aujourd'hui trop connu pour qu'il soit utile de le présenter au public.

Écrivain de talent, parlant une langue saine et claire, mettant au service d'une érudition étendue une verve et une causticité d'esprit qui soulignent d'un trait caractéristique une infinité de faits, nul n'était mieux indiqué que lui pour mener à bien la série de voyages pittoresques inaugurée par le présent volume.

Les lecteurs de ce livre parcourront avec l'auteur : la Méditerranée, le canal de Suez, la mer Rouge, l'océan Indien et la mer de Chine.

Ils s'arrêteront avec lui à Port-Saïd, à Suez, à Djibouti. Ils iront dans l'île de Ceylan, puis à Singapoor et, de là, en Indo-Chine.

Ils suivront le voyageur de Saïgon, en Cochinchine, à Pnom-Penh, au Cambodge. Ils verront une partie du Bas-Laos, un peu plus tard, la côte d'Annam, Tourane, le col des Nuages, Hué. Ils monteront au Tonkin, entreront dans le Yun-Nan, et arriveront, avec M. Lagrillière-Beauclerc, à Hong-Kong d'abord, ensuite à Canton, point terminus de ce superbe voyage.

De nombreuses illustrations — reproduction fidèle des photographies prises par l'auteur lui-même, ou dues à l'obligeance de MM. A. Lopez et Brisac de Pnom-Penh, Martin de Haïphong, Moreau de Hanoï, A. Pouget de Saïgon, Bertrand de Tourane, des Drs Blin et Angelier, médecins des Colonies, collaborateurs aimables auxquels nous adressons tous nos remerciements — soulignent par le document les descriptions de l'écrivain.

AVANT-PROPOS

En présentant le livre : *De Marseille aux Frontières de Chine*, nous croyons faire œuvre intéressante et utile.

Le voyage vécu est entré dans nos mœurs.

Le récit de voyage fait par le voyageur lui-même en est le complément tout indiqué.

Ceux qui liront le présent ouvrage éprouveront la sensation agréable que procure la lecture d'un livre dont chaque page présente un attrait.

Ajoutons qu'ils y apprendront quelque chose.

Instruire en amusant est un objectif qui tentait l'éditeur et que l'auteur a brillamment réalisé.

L'Éditeur.

Adieu, Marseille !... Au revoir, France !

DE MARSEILLE AUX FRONTIÈRES DE CHINE

CHAPITRE PREMIER

DÉPART DE MARSEILLE. — LES PASSAGERS DU « CALÉDONIEN ». — M. BONIFACE BOLLARD A LE MAL DE MER. — BONIFACIO. — LES ILES LAVEZZI. — L'ÉCUEIL. — LE NAUFRAGE DE « LA SÉMILLANTE ». — LA PASSE DE L'OURS. — LE STROMBOLI. — MESSINE.

Le dimanche 15 janvier 1899, à quatre heures de l'après-midi, *le Calédonien* de la compagnie des Messageries maritimes appareille pour se rendre en Chine et au Japon.

Sur les jetées de Marseille, la foule s'entasse, les mouchoirs s'agitent, et toute une rumeur monte des quais, saluant au passage le paquebot, superbe d'allure, vomissant des torrents de fumée.

Il y a, dans cette agglomération de curieux, bon nombre de visages contractés douloureusement et dont une larme mouille le coin des yeux.

Sur le navire qui s'en va vers les lointaines régions de l'Extrême-Orient se trouvent des êtres chers à ceux qui restent, et le salut des jetées est, pour beaucoup, l'adieu des longues séparations.

Aussi est-on ému sur le pont du paquebot. Les conversations, très animées un instant avant, se sont éteintes graduellement, faisant place à un silence impressionnant que trouble seul le halètement puissant des machines.

Successivement disparaissent le fort Saint-Jean, les maisons de pêcheurs des Catalans, et de la foule vue tout à l'heure, on ne distingue plus qu'un fourmillement de points noirs, s'effaçant peu à peu, se fondant avec les habitations formant le fond du tableau.

Un moment après, on double la pointe du château d'If, laissant sur la droite un groupe d'îlots, et on fuit les hautes falaises de roc se dressant au bord de la mer, sentinelles éternelles du vieux continent.

Par une échancrure entre des rochers, émergeant des vagues, on aperçoit, pour la dernière fois, la silhouette de Notre-Dame-de-la-Garde; puis, peu à peu, tout disparaît.

Il ne reste bientôt plus, devant nous et autour de nous que l'immense mer bleue, dont l'eau s'entr'ouvre, violemment coupée par le navire, comme la terre par le soc de la charrue.

Derrière nous, une écume savonneuse trace un long sillon, bouillonnement produit par les rotations de l'hélice.

... Tout s'est effacé, les terres ne sont même plus de vagues ombres.

Il y a le ciel clair au-dessus de nos têtes, la mer moutonneuse sous nos pieds, et le lent bercement du navire qui rend la tête lourde, et trouble le cœur des passagers peu habitués aux navigations sur la nappe salée.

Adieu, Marseille! Au revoir, France! Je ne vous reverrai

plus avant de longs mois... le temps de faire treize à quatorze mille lieues.

* * *

Notre bâtiment est très chargé ! Il y a à bord près de 800 passagers, parmi lesquels un général, un officier supérieur et une douzaine d'officiers d'infanterie de marine, conduisant au Tonkin 250 soldats de la même arme, destinés à renforcer notre corps d'occupation. On a dû refuser au départ, faute de place, l'embarquement de plus de 50 officiers qui partiront par le paquebot suivant.

La plupart des passagers de 1re classe sont des fonctionnaires regagnant leur poste en Indo-Chine.

J'ai déjà beaucoup voyagé et j'éprouve, au début de chaque voyage, le désir très naturel de me faire une opinion sur ceux qui doivent être, pendant plusieurs semaines, mes compagnons.

Je regarde autour de moi. J'ai pour vis-à-vis un ingénieur en chef des ponts et chaussées, M. D..., qui fut jadis ingénieur à Dunkerque, où il remplaça M. Guillain, devenu depuis inspecteur général des ponts et chaussées et ensuite ministre des Colonies ; comme voisin de gauche, le Dr Hantz, médecin des colonies, un vieil ami retrouvé, par le plus grand des hasards, après quinze années de séparation et de silence réciproque. A ma droite, un résident du Cambodge, M. A. Leclerc ; un peu plus loin un de nos consuls généraux aux Indes, un littérateur de talent, M. Gaston Donnet ; un vieux savant, M. Boniface Bollard, qui va en Indo-Chine pour y étudier la flore et la faune.

M. Boniface Bollard est vêtu d'une immense capote grise qu'il appelle un cache-poussière et qu'il qualifie aussi de

« préserve-mer » aux heures où les embruns sautent le long des bastingages.

Quand il prend place à table, il salue régulièrement à droite et à gauche, demande pardon à ses voisins de poursuivre, même en mangeant, l'étude d'une plante quelconque, sur laquelle il doit écrire une longue page si le tangage et le roulis le lui permettent. Puis, ses excuses faites, il installe un livre ouvert contre une carafe et ne perd ni un coup de dent, ni une ligne de son intéressant livre.

Pendant quelques jours, de jolies passagères ennuyées de ne pas voir leur voisin s'occuper d'elles exhalent, dans des conversations particulières, des critiques sur les singulières manies de ce savant qui cherche sans cesse des fleurs dans ses livres, alors qu'il ne semble pas apercevoir celles qui sont autour de lui.

Le sexe masculin est unanime à blâmer les attitudes absorbées de M. Boniface, comme on commence à l'appeler.

Un coup de vent, un peu avant l'arrivée au détroit de Bonifacio, calme les critiques. Boniface a le mal de mer. Il ne compte plus les pétales des fleurs, le Dr Hantz prétend qu'il compte ses chemises.

Les passagères rient, les passagers font chorus, et tout le monde se trouve ainsi désarmé. On n'en veut plus à M. Boniface, qui, dès l'entrée du détroit, alors qu'aux vagues succèdent les eaux calmes de l'étroit chenal tracé entre deux îles, montre à table sa face un peu pâlie, en disant avec bonhommie :

— L'influence du vent a de singuliers effets sur moi. Quand souffle la bourrasque et que je suis en mer, j'ai toujours des digestions difficiles.

On s'amuse de la réflexion qui prouve qu'on peut être savant et avoir une pointe de malice dans l'esprit.

Nous passons à côté de Bonifacio, perchée comme un nid d'aigles à mi-côte de la montagne, et un instant après nous laissons sur notre gauche l'écueil Laquezy. M. Boniface, qui ne connaît pas seulement la faune et la flore, mais aussi l'histoire, rappelle qu'en 1855 c'est sur l'écueil Laquezy que se brisa *la Sémillante*, frégate française transportant 800 soldats en Crimée.

Des 1.200 hommes qui se trouvaient à bord, pas un seul ne revint, et on a pour tout renseignement sur la catastrophe le récit d'un berger corse, qui, cette nuit-là, veillait dans la montagne.

Dans une des îles voisines, on a élevé un monument à la mémoire des victimes de cet effroyable sinistre.

Le commandant de notre paquebot nous dit confidentiellement qu'au lieu de traverser le détroit de Bonifacio dans toute sa longueur il va nous faire naviguer dans la *passe de l'ours*.

Cette passe est située au sud du détroit ; c'est une route sinueuse serpentant à travers les îles, et les grands paquebots ne s'y engagent pas d'habitude.

Ce chemin, peu fréquenté par ceux qui viennent de France, est néanmoins très intéressant par ses particularités.

C'est ainsi que nous passons en face de l'île de la Maddelena, où les Italiens ont établi, depuis plusieurs années, un port de guerre pouvant servir de point d'appui à leur flotte.

Par sa situation, ce port, bien abrité peut servir de dépôt de charbon et de munitions, en même temps que de baie de refuge.

Nos voisins ont ainsi, à quelques kilomètres au sud de la Corse, un point de ravitaillement des mieux situés, en cas de guerre avec notre pays.

Un peu plus loin, toujours à gauche, nous côtoyons l'île

de Caprera, et nous distinguons l'ancienne maison de Garibaldi, dont la toiture rouge fait une tache violente dans la verdure dont elle est entourée.

On sait qu'à cet endroit le vieil aventurier, soldat de la liberté, vint se reposer des fatigues d'une existence prodigieusement mouvementée.

Après une demi-heure de navigation dans l'étroit chenal, nous avons tout à coup l'explication de la dénomination donnée au chemin de mer que nous suivons.

Un ours en granit, de taille gigantesque, nettement découpé sur le fond bleu de l'horizon, semble descendre la pente de la montagne.

La nature a fait cette bizarrerie à laquelle aucune main humaine n'a apporté le plus léger concours. L'ours paraît, à distance, admirablement proportionné, et l'illusion est complète.

En s'approchant, les proportions d'aspect normal disparaissent, la silhouette de l'animal s'efface, et on n'a plus devant soi qu'un morceau de roc bizarrement découpé, ne rappelant nullement, par ses formes réelles, le fauve entrevu à distance:

De loin c'était un ours, et de près ce n'est rien.

Vers trois heures de l'après-midi, nous sortons de l'archipel sarde. Nous passons devant le cap Libano et nous cinglons vers le sud-est, laissant derrière nous les côtes de Sardaigne, hérissées de sémaphores italiens présentant tous l'aspect original de damiers à carreaux noirs et blancs.

Peu à peu, les hautes montagnes s'effacent dans une brume qui semble monter de la mer. De larges bandes de stratus zèbrent de raies empourprées un ciel de tonalité grisâtre; le vent est froid, la houle a recommencé son ber-

Le détroit de Messine, vue prise de Messine.

cement rude, souffletant les hublots de paquets d'eau, laissant des éparpillements de gouttelettes de cristal sur les épaisses vitres.

On a sonné, depuis un instant, le deuxième coup de l'appel du dîner. Parmi les passagers faisant honneur au menu, on ne voit pas M. Boniface.

Le plus bienveillant des passagers le prétend en train d'étudier la flore dans sa cabine.

*
* *

Nous en avons maintenant pour vingt-quatre heures avant d'apercevoir une terre à l'horizon. Le calme des eaux du *Passage de l'Ours* a fait place à une mer mouvementée que soulève un fort vent du sud, qui nous frappe par tribord et augmente le roulis d'instant en instant.

Nous nous retrouvons peu nombreux au dîner, et il en sera de même pendant plusieurs jours encore.

Comme fiche de consolation, le commandant fait entrevoir aux passagers qu'ils retrouveront dans la nuit du lendemain, au passage du détroit de Messine, une bonne heure et demie de tranquillité. Douce perspective.

Enfin, après vingt-six heures de navigation, apparaissent dans le lointain les îles Lipari. Au sud, on distingue l'île d'Alicudi et celle de Felicudi. Dans le nord-est, le *Stromboli* commence à émerger des flots.

Après deux heures de route, le volcan apparaît nettement, le cratère en éruption faisant face au paquebot.

Ici le spectable est superbe. Toutes les cinq minutes environ, un torrent de feu sort du cratère et se répand sur le flanc de la montagne; une fumée épaisse tourbillonne au-dessus du Stromboli et va se perdre vers le nord, chassée par le vent.

Peu à peu la nuit vient, et, avec l'ombre grandissante, la lave en fusion s'affirme avec des tons plus saisissants. Le cratère du Stromboli semble une soupape s'ouvrant par intermittences et vomissant la flamme.

Les flambées rouges des sommets commencent à se refléter dans la mer, et l'île paraît bordée par des cercles de feu.

Le paquebot passe et il ne reste plus de cette vision qu'une masse noire sortant des flots.

Pourtant quelques lumières à la base de l'île indiquent la présence de deux villages placés sur l'autre versant du Stromboli.

Ceux-là ne doivent point regretter les feux d'artifice de nos fêtes publiques. Leur montagne leur en sert tous les jours et toutes les nuits, car le Stromboli n'a pas les caprices de l'Etna ou du Vésuve.

Il est en action d'un bout de l'année à l'autre, sans interruption.

Le paquebot continue sa marche, et la nuit, une nuit noire, sans étoiles, se fait autour du navire. Le vent souffle par rafales, secouant le bateau qui se couche sur l'eau, faisant par instant avec l'horizontale des angles de 20 à 25°.

*
* *

Dans le lointain, un feu rouge apparaît; puis, un feu vert. Nous roulons désagréablement, mais nous avançons.

Peu à peu, sur la gauche, des lumières se montrent. C'est la côte de la Calabre, et les feux rouges et verts indiquent l'entrée du détroit de Messine.

On rassure les passagers malades en leur faisant entrevoir la perspective de quelques heures reposantes, la traversée du détroit donnant toujours l'impression d'une navigation en eaux calmes.

Nous apercevons la ville de Scylla, perchée au sommet d'un roc; le tourbillon de Charybde est de l'autre côté du détroit dans lequel nous entrons à toute vapeur, jetant derrière nous un long ruban de fumée noire.

La ville de Reggio s'annonce sur la gauche, par une agglomération de lumières. En approchant, sous la clarté d'un firmament constellé de points d'or, on distingue les maisons comme autant de carrés blancs trouant le fond noir des montagnes. Un long ruban, éclairé de distance en distance, indique la voie ferrée du chemin de fer desservant le sud de l'Italie. Nous apercevons même un train sortant d'un tunnel et courant à toute vitesse sur les pentes, franchissant des ponts jetés sur des lits de torrents, desséchés pour l'instant, mais formidables quand grondent les avalanches produites par la fonte des neiges.

Sur notre droite — à tribord, pour parler le langage marin — Messine avec son long cordon de lumières, ses maisons gracieusement groupées et son admirable plage sur laquelle vient mourir un flot berceur qui n'apporte jamais. sur cette rive privilégiée, les assauts irrités des grandes tourmentes du large.

Nous voudrions bien contempler plus longtemps cet admirable tableau, mais l'itinéraire du navire ne permet ni arrêt, ni ralentissement, et il nous reste de ce joli spectacle, entrevu par une nuit sereine, le souvenir d'une gracieuse vision qui disparaît peu à peu avec les ombres de la nuit.

Quand nous regagnons notre cabine, une lueur vacillante trace une longue raie rose sur l'horizon de la mer.

Nous sommes sortis du détroit de Messine, et à notre droite les hautes montagnes de la Sicile apparaissent comme des géants de granit, solennels dans leur éternelle immobilité, et dont la tête altière troue violemment l'azur implacable du ciel. Un nuage blanc, de peu d'étendue, ayant des aspects de *cirrus*, couronne le sommet de la plus haute de ces montagnes.

Ce nuage est produit par la respiration du cratère de l'Etna, dont la lune argente encore, à cette heure précédant l'aurore, les hauteurs neigeuses.

En me rendant à ma cabine, je traverse la salle à manger, et j'aperçois une ombre, le nez incliné sur une assiette et mastiquant avec un bruit des plus accentués.

Je m'approche, et je distingue l'auguste profil de M. Boniface Bollard, docteur ès sciences, agrégé de l'Université, membre correspondant de l'Institut.

Le savant m'aperçoit et me dit avec tranquillité :

— La traversée du détroit de Messine a toujours été, pour les gens à qui le roulis ne sert pas d'apéritif, l'heure des solennelles réparations.

— Et vous avez réparé ?

— Copieusement et agréablement. Je n'aime pas l'agneau habituellement. Eh bien ! je viens de disséquer un gigot d'agneau avec un plaisir que quarante-huit heures de jeûne sont presque capables de vous expliquer.

— Et maintenant ?

— Maintenant je vais dormir.

— Dans ce cas, bonne nuit, docteur.

— Merci beaucoup, Monsieur, mais voici que nous bougeons.

— Je crois même que nous roulons.

— N'en dites pas davantage, l'agneau dont j'ai mangé en partie la gigue commence à me bêler intérieurement de doux reproches.

Je ne réponds rien à M. Boniface, qui paraît d'ailleurs n'avoir plus rien à dire.

Un instant après, ne pouvant réussir à m'endormir, je remonte sur le pont et reste longtemps à rêver, allongé sur une chaise longue, revoyant dans la vision des demi-sommeils les amis, les parents, les êtres chers laissés en France, et une mélancolie m'envahit.

Un paquet d'embrun sautant par-dessus le bastingage et s'écroulant en douche intempestive sur mon visage me rappelle brusquement aux réalités du présent.

Je me décide à quitter le pont.

Quand je pénètre dans ma cabine, les étoiles que j'entrevois encore par le hublot sont devenues très pâles, et je m'étends sur ma couchette à l'heure où les coqs, accrochés dans les cages de l'avant, lancent dans l'immensité leurs cocoricos triomphants.

Hôtel de l'Administration du canal de Suez.

CHAPITRE II

EN MER. — M. BONIFACE BOLLARD. — UNE PARTIE DE LOTO. — PORT-SAÏD. — LA VENTE DES TIMBRES-POSTE. — FAITES VOS JEUX, MESSIEURS. — DANS LE CANAL DE SUEZ. — ISMAÏLIA. — LES LACS AMERS. — LES BOUÉES LUMINEUSES. — NOUS ENTRONS DANS LA MER ROUGE.

Nous sommes en mer depuis trois jours.

Partis de Marseille, le dimanche à quatre heures de l'après-midi, nous devons, d'après les affirmations du commandant, arriver à Port-Saïd dans la matinée de vendredi.

On n'a pas eu le temps de s'ennuyer. Les passagers ont fait connaissance, des groupements se sont formés, des liaisons amicales se sont créées, liaisons qui ne dureront peut-être que l'espace du voyage, mais laisseront néanmoins, au fond du cœur, le souvenir de bonnes heures de camaraderie que se remémoreront plus tard, comme autant de visions consolantes, ceux que les nécessités de la vie auront séparés.

Je me suis lié d'une façon particulière avec le savant, d'âge mur, que son goût de la faune et de la flore exotiques conduit en Extrême-Orient.

Il m'a fait, en vue de l'île de Crète, ses confidences.

Il a été professeur de Faculté pendant de longues années; puis une petite fortune lui est arrivée par héritage. Alors, donnant libre cours à son goût des voyages, il parcourt notre globe au hasard de sa fantaisie, sacrifiant chaque année les deux tiers de ses 15.000 livres de rente à un voyage de quatre ou cinq mois.

Célibataire, ayant les goûts les plus simples du monde, il revient ainsi, après une longue excursion, les poches bourrées de notes, les malles pleines d'échantillons rares des produits rencontrés dans ses voyages de recherches, et regagne son coin de province.

Là, il met en ordre ses collections, dont l'amoncellement a, peu à peu, fini par donner à sa petite maison des allures de musée, et il produit un livre que toutes les Universités du monde lisent et étudient avec le respect et l'attention s'attachant aux œuvres d'un homme dont le nom est, depuis longtemps, connu et estimé dans les milieux scientifiques de France et de l'étranger.

Mon nouvel ami est un original prodigieusement érudit, mais ayant en l'esprit toute la malice des Rabelais, des La Fontaine et des Paul-Louis Courrier.

Il juge avec indulgence les hommes, avec sérénité, les choses, n'ayant pas d'emballement fougueux et s'étonnant rarement.

Chose appréciable chez un homme arrivé à la notoriété dans un monde savant, il a conservé, à cinquante-cinq ans, l'inépuisable gaieté de sa belle jeunesse, et il rit facilement de toute la largeur d'une bouche un peu grande, encore armée de ses trente-deux dents.

Il a l'horreur des allures pontifiantes et n'affecte jamais les hautaines réserves pleines de dignité de certains personnages favorisés par le destin, et qui, très inférieurs à leur heureuse fortune, essayent de la faire excuser en conservant, en toute circonstance, des attitudes solennelles, pensant ainsi inspirer le respect.

En résumé, un brave homme de savant, d'esprit gai, ouvert, bon enfant, faisant naître la sympathie à première vue.

C'est en sa compagnie que j'ai parcouru toute notre Péninsule d'Extrême-Orient, aussi ne sera-t-on pas surpris de me voir lui consacrer la rapide description qu'on vient de lire, de façon à faire connaître au lecteur un personnage qu'il retrouvera souvent au cours de ce récit.

Il me reste toutefois à le décrire au physique. Ce sera l'affaire de quelques lignes :

De taille moyenne, doué d'un léger embonpoint, il a conservé néanmoins une certaine jeunesse d'allure. Le visage est éclairé de deux bons gros yeux un peu bridés aux tempes par l'habitude du sourire bienveillant ; la barbe est broussailleuse et grisonnante, le nez fort, la bouche large, le front un peu dégarni aux tempes et prolongé par un commencement à peine appréciable de calvitie.

Comme ensemble, une bonne figure pleine sur laquelle les mélancolies de la vie ont laissé peu d'empreintes.

*
* *

Nous nous sommes approchés un instant des soldats d'infanterie de marine installés à l'avant. Des groupes se sont formés, accroupis autour d'un jeu de loto suivi avec attention.

Celui qui tire les numéros du sac les annonce d'une voix claire en les additionnant d'une réflexion souvent amusante :

— N° 3, l'oreille de Mlle Ninie, marchande de parapluies; n° 4, le chapeau du commissaire; 7, la pioche, dix... putez-vous à qui aura les gros sous; 17, la potence et le normand pendu; 20... et du bon, etc.

Toute la série défile et l'annonce de quelques numéros reste pour nous mystérieuse.

Ainsi, 74, face de fer, figure barbare; 59, le terrible piémontais; 83, batterie des sans-peur, ouvre l'œil, Baptiste! et d'autres numéros suivis d'additions pittoresques ne semblant se rattacher ni à un fait historique, ni à une vague ressemblance avec la forme du chiffre annoncé.

Il est probable que le soldat tirant les numéros du sac dit ce qui lui passe par la cervelle, sachant bien ne soulever aucune protestation.

D'ailleurs, tous les joueurs sont absorbés, et ce n'est guère qu'au moment où l'heureux gagnant crie « quine » que des manifestations de mauvaise humeur se produisent.

A ce propos, un Anglais, suivant le jeu avec attention depuis une demi-heure, nous dit, l'air mécontent :

— Cette petite jeu était très amiousante, mais pas du tout respectueuse pour la reine d'Angleterre.

— Comment cela ?

— De temps en temps, il y en a un qui dit *Queen* et les autres répondent... zut!

*
* *

Le mercredi, à trois heures après-midi, nous passons au sud de l'île de Crète. Des pics neigeux s'élèvent sur toute la partie visible de l'île.

PORT-SAÏD.

Puis, peu à peu, l'île disparaît dans le crépuscule, et la mer, immense, sans fin, sans une voile à l'horizon, s'étend devant nous. Toute la journée de jeudi se passe ainsi, agrémentée d'un fort roulis.

Vendredi matin, vers cinq heures, nous sommes réveillés brusquement par le tapage des treuils, par les sifflets stridents du maître d'équipage transmettant les ordres de manœuvre. Une trépidation, un bruit de chute dans la mer : c'est la chaîne de l'ancre qui se déroule et qui plonge au fond des eaux, où le lourd morceau de fer va mordre. Nous sommes à Port-Saïd.

***

La ville de Port-Saïd n'est pas d'un aspect séduisant. Elle ne possède aucun caractère de nature à en fixer l'image par une réelle originalité.

Il y a là des gens de toutes les nations, de tous les pays.

C'est une sorte de gigantesque bazar, de caravansérail, où tous les peuples semblent se donner des rendez-vous furtifs et rapides, et le seul aspect des maisons de commerce donne une idée du cosmopolitisme de cette cité, fort peu égyptienne, quoiqu'en territoire égyptien.

Par les rues larges et droites de cette ville neuve, nous rencontrons dans la bizarrerie d'une foule grouillante des Italiens, des Anglais, des Maltais, des Arabes, des Portugais, des Hollandais et, par-ci par-là, quelques Égyptiens.

Les femmes fellahs que nous apercevons portent le voile noir avec un appendice en cuivre posé sur le nez.

Cet ornement cylindrique et ridicule sert à dissimuler aux passants le peu qu'elles laissent voir de leur visage.

Nous avions vu à Alger les mauresques avec des voiles blancs ; à Constantine, les femmes arabes avec des voiles bleus ; à Tunis, les mêmes femmes avec des voiles noirs. Nous n'en avions pas encore rencontré avec des « drogues » sur le nez. Il paraît que cette particularité est à peu près générale en Égypte.

Les marchands abondent à Port-Saïd. On accoste les passants dans les rues pour leur proposer les articles les plus variés. Le commerce des timbres-poste s'y fait sur une large échelle. On trouve là des collections de tous les timbres du monde. Il paraît même que, parmi les séries, on en trouve sortant d'une fabrique spéciale qui excelle dans l'imitation.

Nous apercevons, à la devanture de nombreux magasins, des articles de Paris, des chapeaux à la mode de l'an dernier, des costumes de la dernière coupe de Constantinople.

Le couteau à papier, estampillé à la marque de Jérusalem, se vend cinq sous avec une photogravure imprimée sur la lamelle de bois.

Les cigarettes égyptiennes sont proposées à tous les passants à des prix réduits. Il y a aussi des cigares offerts à la dégustation des naïfs qui essayent vainement d'allumer ces feuilles de tabac, mal séchées, tirebouchonnées et d'un parfum rappelant les *infectados* de France.

Un café-concert, dont la musique à grand tapage se perçoit distinctement dans la rue, fait savoir au noble étranger prêtant l'oreille qu'on en est encore, à Port-Saïd, aux vieilles chansons de Paulus : *la Boîteuse* et *le Père la Victoire* éclatent en notes sonores et d'une harmonie qui charmerait un ours danseur.

Nous nous risquons dans un de ces hall musicaux. Dès le vestibule, nous sommes arrêtés par la voix d'un croupier criant : « Faites vos jeux, Messieurs, rien ne va plus ! » Il y a là une roulette entourée par de bons compères destinés à amorcer les badauds et à les provoquer à risquer quelques pièces d'or.

Le monsieur qui met en mouvement le mécanisme se penche de temps en temps, quand la roulette a cessé de tourner, proclame un numéro que personne ne peut contrôler, paye ou empoche.

Il empoche plutôt, et tout donne à penser que, lorsqu'il paye un gagnant, ce dernier est un habile complice, un rabatteur dont la chance apparente a pour but de stimuler le zèle des joueurs, bons naïfs que le paquebot emportera tout à l'heure vers de lointaines régions et qui ne songeront ni à se plaindre, ni à réclamer.

Quelques instants après, nous regagnons le bord. La sirène jette son puissant appel, le navire évolue lentement sous l'impulsion de la barre, et nous quittons Port-Saïd.

A onze heures du matin, nous entrons dans le canal de Suez.

*
* *

Quatorze heures de Port-Saïd à Suez, c'est-à-dire d'une extrémité du canal à l'autre! cette perspective me paraissait devoir être assez monotone pour devenir ennuyeuse; il n'en a rien été.

Le parcours de ces 158 kilomètres est fort intéressant, et le seul regret que je puisse exprimer, c'est d'avoir eu à prendre des notes à bord d'un paquebot dont la marche, ralentie par nécessité, nous laissait trop longtemps entre des monticules de sable amassés sur chacune des deux rives par le vent du désert.

Par instant toutefois, la vue pouvait s'étendre au loin,

englobant dans un large rayon, d'un côté la côte africaine, de l'autre la côte asiatique.

Le canal est d'une largeur très inégale. Il doit avoir en moyenne soixante-quinze mètres de largeur, mais un peu avant Ismaïlia il n'en a pas trente.

En sortant de Port-Saïd, une voie ferrée court sur le côté africain. C'est le chemin de fer reliant Port-Saïd à Ismaïlia et au Caire. De loin en loin des gares aux toitures en briques rouges jettent une note joyeuse à travers un paysage sans végétation.

Partout, à droite et à gauche, du sable et, par instants, quelques larges lacs sur les bords desquels des ibis en bandes, des flamands et d'autres oiseaux blancs s'étalent en longues lignes qu'argentent, d'une façon intermittente, les rayons du soleil.

Vers le soir nous distinguons une caravane venant de Syrie (elle en suit du moins la route). Elle attend le bac pour passer d'une rive à l'autre.

Tout le long du canal, des dragues puissantes fonctionnent constamment pour maintenir au canal sa profondeur d'eau, sans cesse menacée par les enlisements. Rien n'est envahissant comme le sable, et les rafales du désert sont une des causes d'inquiétude des gens ayant la charge d'assurer le libre parcours du canal de Suez.

A cinq heures du soir, après un brusque coude, nous nous trouvons à Ismaïlia, situé sur le lac Rimsah, sorte d'oasis d'aspect charmant, arrosée par l'eau du Nil canalisée depuis peu jusqu'à cette ville intéressante.

Nous apercevons, le long d'une palissade, un groupe d'arabes parmis lesquels se trouvent quelques enfants accroupis.

Ils regardent curieusement passer le paquebot.

A partir d'Ismaïlia, le navire entre dans les lacs amers,

suivant la ligne jalonnée par des bouées lumineuses flottantes.

Le travail des hommes se retrouvera quelques heures plus tard, continuant le canal de l'autre côté des lacs.

A l'avant du paquebot, un réflecteur électrique puissant

Une gare le long du canal de Suez.

éclaire la route, projetant des rayons lumineux à 3 kilomètres de là, ce qui permet la circulation de nuit, jadis interdite sur le canal.

Ce réflecteur produit de singuliers effets d'ombre et de lumière. Il n'éclaire que la partie exactement placée dans l'angle tracé par les rayons extrêmes, limitant son champ d'action.

Il n'y a pas, en dehors de cet angle, de lumière diffuse. La partie éclairée et la partie sombre sont nettement tranchées.

Nous avançons lentement, avec cet œil ouvert sur la nuit

qui nous permet de préciser exactement la situation du chenal dans lequel le paquebot doit se maintenir.

Vers neuf heures, nous entrons dans le long couloir de sable; nous nous garons, dans la nuit, pour laisser passer un navire autrichien, et à deux heures du matin, 21 janvier, nous stoppons à Suez, avant d'entrer dans la mer Rouge.

La nuit est admirable; les constellations brillent dans la profondeur du ciel et dans le lointain, une ombre indécise nous révèle le Mont Sinaï.

De l'autre côté de Suez, la fontaine de Moïse reste à peu près invisible. Le treuil des amarres et les tiraillements de la drosse font un tapage effroyable. On descend et on monte. par la cale ouverte, des caisses et des colis quelconques, Des Égyptiens s'embarquent à destination de l'Abyssinie. On trouve encore de la place pour les caser à bord, ce qui ne va pas sans grand branlebas, sans vacarme et sans bousculades.

A côté de ma cabine loge un Anglais très « gentlemen », supérieurement correct, qui, réveillé par le tintamarre assourdissant des treuils amenant les amarres, s'écrie : « Ce méquénique, il fait un bruit ridiquioule. »

Il n'a pas tort d'ailleurs, car, à bord des paquebots anglais, les treuils sont hydrauliques et fonctionnent sans bruit.

Quatre heures du matin. — Le timbre électrique d'appel sonne à la machine, une trépidation, un grondement sourd de l'hélice et nous quittons Suez. Nous entrons dans la mer Rouge, où nous allons naviguer pendant quatre jours, entre la côte d'Asie et la côte africaine.

La première escale est Djibouti, sur la côte des Somalis.

Je constate que le thermomètre marque 33°. On nous promet mieux pour demain.

La mer Rouge est d'un bleu admirable et le soleil qui se

joue dans les embruns des vagues semble verser des étoiles d'or dans les flots. Sur le pont du navire, les costumes de toile font, pour la première fois, leur apparition, il est probable que demain tout le monde arborera, comme coiffure le casque colonial. On amarre le piano sur le pont. Il paraît que ce soir on dansera à la lueur des étoiles, plus brillantes que celles des falots du bord.

PAQUEBOT RENCONTRÉ DANS LA MER ROUGE.

CHAPITRE III

LA MER ROUGE. — LES POISSONS VOLANTS. — LA VIE A BORD. — LE RESPECT DU PROTOCOLE. — L'ÎLE DE PÉRIM. — LA TEMPÊTE. — UN REMÈDE CONTRE LE MAL DE MER. — ARRIVÉE A DJIBOUTI.

Il y a exactement sept jours que nous avons quitté Marseille, et ce matin, dimanche, à dix heures et demie, nous franchissons le tropique du Cancer.

Nous sommes, par 23°30′ de latitude nord et par 37°17′ de longitude est.

La chaleur est supportable, grâce à un vent violent qui nous procure depuis deux jours les agréments d'un tangage des plus accentués.

Hier, nous avons eu comme distraction le passage d'une troupe de poissons volants poursuivis par un requin. Ces poissons sont de dimensions minimes; vus du bord, à une distance de cinq ou six mètres, ils ne paraissent pas dépasser une longueur moyenne de vingt-cinq centimètres.

Ils voltigent à la surface de l'eau, argentés par les rayons du soleil, et semblent des lames de métal flexible émergeant de l'onde et s'y replongeant quelques secondes après.

Nous avons aussi rencontré, à quelque distance de la côte, un radeau chargé de monde. On nous apprend qu'il s'agit de marchands Syriens se rendant à Suez. Il y a là une agglomération, un entassement de passagers offrant un peu le spectacle d'un radeau supportant des naufragés.

On a l'impression très nette qu'un faux mouvement suffirait à jeter à la mer, le passager qui oublierait un instant de se tenir solidement d'une main au bord de cette épave flottante.

*
* *

Depuis deux jours nous avons perdu de vue les côtes africaines et asiatiques. Nous atteindrons demain, dans la nuit, le détroit de Bab-el-Mandeb, et au matin nous serons à Djibouti.

En attendant, malgré le tangage, tout le monde s'est installé sur le pont du paquebot, et c'est une chose curieuse que cette agglomération de chaises longues garnies de dormeurs et de dormeuses, de fauteuils nombreux et encombrants alignés sur deux ou trois rangs, le long du bastingage.

De temps en temps, on perçoit la note monocorde des ronfleurs qui font la sieste, bercés par la mer, la sueur au front, avec l'oppression accablante d'une atmosphère humide et lourde s'ajoutant au rythme continu, lancinant, de l'hélice nous martelant les tempes.

Quelques promeneurs courageux s'efforcent de circuler à travers ce capharnaüm d'osier, de toile et de bambou, écartant les jambes en marchant et opposant au roulis le contrepoids du corps, penché dans le sens contraire à celui de l'inclinaison du navire.

Et c'est un déhanchement perpétuel, une gymnastique déambulatoire d'allure comique, chacun cherchant un point d'appui soit dans un déplacement du centre de gravité, soit en se raccrochant, au hasard, à quelques sièges rencontrés, à des cordages, ou aux poignées en cuivre des rouffles.

*
* *

L'existence à bord présente peu de variété. On en est réduit à lire, à écrire et à manger.

A ce dernier point de vue, la compagnie des Messageries maritimes fait bien les choses. On nous sert six repas par jour. Le premier, à sept heures du matin ; le second, à dix heures ; un lunch, à une heure ; le thé, à quatre heures ; un dîner « officiel », à six heures, et un nouveau thé, à neuf heures.

Il y a, à bord, un protocole. — Les déjeuners se font dans la tenue adoptée par la fantaisie des passagers, mais le dîner de six heures a invariablement lieu en habit ou en smoking.

Je n'ai pas vu cette coutume sur les paquebots de l'Océan, ni sur ceux de la Méditerranée, mais sur les « bateaux de Chine », les Anglais en ont fait naître l'usage. Ceci prouve, une fois de plus, que l'Angleterre ne néglige jamais une occasion de taquiner les Français.

Depuis quarante-huit heures, tout le monde est vêtu de blanc. La température est, néanmoins, supportable. Le vent est des plus violents, et nous tanguons de si belle manière qu'on a dû fermer hublots, sabords, fenêtres des rouffles et tout ce qui pourrait permettre à la mer une invasion dans l'intérieur du paquebot.

Aussi les vagues, ne pouvant pas trouver à se loger'à bord, déferlent sur le pont avec une maëstria superbe, tombant en paquets sur les passagers assis le long des bastingages, couvrant d'eau les rares promeneurs osant risquer un pied en dehors des cabines ou des salons.

Je reçois ainsi le baptême tropical (j'avais pourtant déjà passé le tropique) sous la forme d'une vague irrespectueuse qui me trempe d'un seul coup, depuis la pointe des cheveux jusqu'à la semelle des bottes. Nous sommes bien une douzaine à recevoir cet arrosage intempestif. Nous avons l'air de sortir d'une baignoire pleine d'eau dans laquelle nous serions entrés depuis les talons jusqu'au sommet du chapeau.

*
* *

Le temps se gâte de plus en plus. Nous approchons du détroit de Bab-el-Mandeb, et, bien que, de loin en loin, des îlots apparaissent, nous abritant momentanément du vent, notre paquebot embarque des lames à peu près toutes les cinq minutes.

Et, détail à remarquer, les assauts des lames se répètent par séries consécutives de trois. Il y a là une régularité difficile à expliquer, mais très réelle néanmoins.

Nous approchons de Périm, îlot appartenant depuis 1840 à l'Angleterre et commandant, en quelque sorte, la sortie du détroit.

On sait comment les Anglais s'emparèrent de Périm.

En 1839, ils avaient pris possession d'Aden, sur la côte

d'Arabie et, pour répondre à cette occupation de territoire, nous avions expédié dans la mer Rouge un cuirassé avec mission de s'emparer du rocher de Périm, situation stratégique de premier ordre sur la route des Indes.

Le commandant français venant de l'Extrême-Orient eut la fâcheuse idée de s'arrêter à Aden. Il y fut reçu par le gouverneur anglais, de la façon la plus courtoise. Dîner, réception, soirée de gala, etc., rien ne manqua à notre représentant, et ce dernier, charmé de cette hospitalité superbe, crut devoir, au cours de la fête, dire confidentiellement au gouverneur anglais :

— Savez-vous pourquoi je suis à Aden aujourd'hui ?

Le gouverneur anglais répondit naturellement qu'il l'ignorait.

— Eh bien, continua le commandant français, vous avez pris Aden où vous êtes installés magistralement aujourd'hui ; moi, demain, j'irai prendre Périm.

Le gouverneur sourit sans répondre et parla d'autre chose. Au cours de la soirée, il s'absenta un instant, puis revint, et la fête se prolongea jusqu'au jour.

Le lendemain, dans l'après-midi, le cuirassé français arrivant à Périm constata avec étonnement que l'îlot était occupé par des soldats anglais.

Le drapeau britannique flottait au sommet du rocher dominant la rade.

Notre envoyé apprit alors avec stupeur que le gouverneur d'Aden, mis au courant des idées de la France par le trop confiant envoyé de celle-ci, s'était empressé de donner des ordres, afin de nous devancer de quelques heures dans la conquête de cet îlot, position stratégique — nous l'avons dit plus haut — d'une importance considérable.

S'il y avait une moralité à tirer de cette histoire, nous pourrions la formuler en rééditant le vieux proverbe : « Avant de parler, il est prudent de tourner sept fois sa langue dans sa bouche. »

C'est grâce au bavardage intempestif d'un officier de marine que l'îlot de Périm, clef de la mer Rouge, nous a échappé.

Si la parole est parfois d'argent, bien souvent le silence est d'or.

*
* *

Une tempête dans la mer Rouge n'est point chose commune. Nous ne nous attendions pas à naviguer dans les eaux resserrées de cette mer d'une façon aussi calme que dans les traversées des détroits de Bonifacio et de Messine; cependant, nous pensions trouver, comme maximum, la forte houle du lac de Genève, les jours où le vent souffle en ouragan.

Au lieu du mouvement un peu accentué dont nous limitions placidement l'intensité, nous avons eu la tempête dans toute son ampleur, avec les lames de fond secouant le navire et produisant dans une fusion simultanée du tangage et du roulis ce qu'on appelle, en langage de bord : « le coup de casserole ».

Aussi nombreux sont les malades. Le service du dîner de six heures réunit à peine la dixième partie des passagers. Mes voisins de droite et de gauche ont disparu On ne peut même pas faire circuler, de la main à la main, la salière ou le moutardier, tellement les rares convives se trouvent espacés.

Pour causer avec le dîneur le plus proche, on est obligé de prendre une voix d'orateur de réunion publique.

De temps en temps, quand s'ouvre une des portes donnant sur le large escalier, un paquet de mer descend en cascade le long des marches, et les hommes de service sont dans la nécessité de développer toute leur force musculaire, pour arriver à repousser le battant malencontreusement ouvert.

Nous tanguons furieusement, cramponnés de la main gauche à la table sur laquelle des cordes tendues soutiennent assiettes, verres et plats.

Ceux qui dressent le couvert de cette façon appellent cela : « mettre les violons ». Toutefois, ces violons-là ne font pas de musique, ce qui ne nous empêche pas de danser.

Nous en étions au dessert, lorsque tout à coup — ô surprise! — M. Boniface Bollard fit son apparition. Il paraissait un peu pâle, un peu défait, mais il était debout, l'air vaillant, et c'est avec un bon sourire qu'il nous dit :

— J'ai vaincu le mal de mer! souffle le vent, chante la tempête! je suis désormais invulnérable.

Et il s'avança dans ma direction en trébuchant, s'accrochant à ce qu'il rencontrait à portée de sa main.

Enfin, après bien des efforts, il réussit à s'asseoir, et une fois consolidé, il cria au garçon :

— Faites passer le rosbif! mon estomac réclame des choses substantielles.

On l'interrogea avec curiosité.

— Comment! vous n'avez plus le mal de mer?

— Comme vous voyez!... garçon, apportez la sauce chasseur et découpez-moi une forte tranche de jambon, j'adore le jambon, même les jours de tempête.

Le médecin du bord écarquillait les yeux; on se regardait, et, comme on n'avait pas de jumelles sous la main, on se rapprochait pour mieux voir et admirer de plus près M. Boniface qui jouait mélodieusement de la fourchette avec un parfait mépris des « coups de casserole ».

Le Dr Hantz interrogea notre savant :

— Auriez-vous par hasard trouvé un remède souverain contre le mal de mer ?

— Oui, Monsieur... Et la preuve, la voici :

En disant ces mots, M. Boniface piqua un morceau de viande d'un fort cubage, le porta à sa bouche, mâcha avec énergie, avala, se versa une rasade et reprit :

— J'ai le mal de mer rentrant. C'est incroyable comme le roulis me creuse !

— Et, ce remède, questionna de nouveau le docteur, peut-on le connaître ?

Boniface s'arrêta, regarda le médecin avec un sourire malicieux et répondit :

— Avant de le révéler, je tiens à prouver son efficacité. Quand la démonstration aura établi par une série d'expériences l'efficacité du procédé, je vous l'indiquerai, mais pas avant. Je suis un esprit scientifique... Garçon ! le saladier !

A ce moment un violent coup de roulis coucha le navire sur tribord. Tout le monde s'accrocha à la table, et pendant deux ou trois secondes on se demanda si le paquebot n'allait pas se redresser.

Mais un coup de mer le releva lentement, et, après avoir décrit un arc de cercle d'une amplitude énorme, le bateau reprit sa marche oscillatoire.

— Fichtre ! dit quelqu'un. La mer n'a pas l'air de se calmer.

— Dans quelques heures nous serons en face d'Obock, dit le commandant, et nous entrerons ensuite dans la baie de Tadjourah, où nous trouverons des eaux plus calmes.

— Tant pis, tant pis, dit Boniface qui décidément devenait ironique. J'adore être fortement bercé en mangeant. Je vais être bien privé si la mer se calme.

On rit un peu des nouveaux goûts de M. Bollard.

Il en était au dessert et grignotait des noisettes avec une tranquillité parfaite.

Le médecin du bord avait bien l'intention de renouveler la question posée par le Dr Hantz au sujet du remède contre le mal de mer, mais M. Bollard venait de se lancer dans une savante dissertation sur la laitue, *lactuca sativa* qu'il déclarait préférer en salade à la tomate, *solanum lycopersicum*. Et il donnait des raisons tout à fait convaincantes à ce qu'il semblait croire.

Enfin, quand il s'arrêta, le médecin risqua une question :

— Sans vouloir vous faire dire votre secret, peut-on savoir comment vous avez pu découvrir un remède que tout le monde cherche depuis longtemps et que personne jusqu'alors n'a jamais pu trouver ?

— J'ai découvert la chose dans mon herbier, répondit Boniface.

— Vous ne comptez pas conserver pour vous seul ce remède ?

— Non, mais je tiens à l'établir, je vous l'ai dit, par des expériences faites au cours de deux ou trois tempêtes. Alors, quand l'excellence en aura été démontrée pratiquement d'une façon irréfutable, je ferai connaître mon secret à tous ceux qui voudront l'entendre.

— Je prends bonne note de la promesse, dit le docteur.

Néanmoins, si vous vouliez dès maintenant appliquer votre découverte à nos passagers malades, vous leur rendriez un joli service.

— A quoi bon ! nous serons à l'abri dans quelques instants. Et puis, dit en souriant le savant, le maître d'hôtel ne me le pardonnerait pas.

— Voilà une singulière considération, dit quelqu'un.

— Elle n'est pas invoquée par moi sérieusement, reprit M. Boniface. La vérité est que je ne pourrais guère soulager plus de trois ou quatre personnes. Les éléments entrant dans la composition de mon remède me manquent. Alors, plutôt que de faire des jaloux... vous comprenez.

On ne savait trop si M. Boniface plaisantait, néanmoins on n'insista pas, le voisinage de Tadjourah rendant à peu près inutile pour l'instant un remède dont on n'aurait plus à se servir dans quelques heures.

Néanmoins, avant l'entrée dans des eaux moins agitées, quelques dîneurs se rendirent dans leur cabine, pensant sans doute qu'une tentative de digestion dans la position à peu près horizontale présentait plus de garantie que d'attendre, debout, les suites de la lutte entre l'estomac et le roulis.

*
* *

La ville de Djibouti, tête de ligne des caravanes allant au Choa, et centre commercial de la côte des Somalis, est placée à l'entrée du golfe de Tadjourah, en face de la ville de ce nom.

La rade est superbe et d'un aspect grandiose. Malheureusement, la profondeur ne répond pas à la largeur, et les grands paquebots sont obligés de jeter l'ancre à une assez grande distance de la côte.

C'est même pour avoir oublié cette particularité que l'*Oxus*, se rendant à Madagascar, s'échoua en face de Djibouti, il y a quelques années.

Aucun passager ne fut noyé, mais on dut décharger complètement le navire pour le renflouer.

Cet accident ne devait pas nous arriver, Dieu merci, mais c'est à trois kilomètres de la côte Somali que stoppa le paquebot.

Les passagers descendirent dans leur cabine pour s'armer d'ombrelles et de parasols avant de descendre à terre.

Des pirogues d'aspect inquiétant par leur manque de stabilité circulaient autour du navire.

C'est dans ces esquifs que nous devions nous embarquer pour nous rendre à terre. La tempête du large était venue s'éteindre dans la rade, sous la forme d'une houle désagréable. Bon nombre de passagères hésitaient à descendre. Plus courageux, la plupart des passagers se risquèrent.

— Il n'y a pas plus de sept mètres de fond, dit quelqu'un auprès de nous.

Douce consolation pour ceux qui auraient craint de se noyer par de grandes profondeurs.

... Avec leur aspect de diables noirs...

CHAPITRE IV

LES RAMEURS SOMALIS. — LES MÉSAVENTURES D'UN TAILLEUR. — LES CAFÉS DE DJIBOUTI. — AVATARS D'UN FIACRE ANTIQUE. — LE CHAMEAU PORTEUR D'EAU. — LA VILLE INDIGÈNE. — M. BOLLARD FAIT UNE NOUVELLE DÉCOUVERTE.

Me voici plus ou moins confortablement installé dans une pirogue en compagnie d'un habitant de Djibouti, qui retourne à terre après avoir apporté je ne sais quelle commission à une personne du bord.

Quatre Somalis tiennent les rames. Ils nous avaient fait des signaux, alors que du pont du navire nous les regardions évoluer sur l'eau, avec leur aspect de diables noirs se jouant des vagues.

Les rameurs souquent avec vigueur et, après chaque effort, nous embarquons régulièrement un paquet de mer. Il semble constamment qu'on passe sur une barre de sable. Nous recevons des embardées inquiétantes. Nous pourrions pêcher à la ligne dans le fond du bateau si, toutes les cinq minutes, un Somali ne prenait la peine de vider la pirogue avec ses pieds.

Le mouvement est tout à fait gracieux.

L'indigène se renverse, le dos appuyé à une des traverses, les bras étendus afin de se cramponner des deux mains à chacun des bords de la pirogue. Puis il donne de violents coups de jarret, les pieds faisant l'office de pelle, et rejette ainsi à la mer quelques seaux d'eau salée qu'elle nous rend d'ailleurs presque aussitôt, avec une abondance nous faisant regretter l'absence de caoutchouc et de longues bottes.

Pour ma part, j'aurais accepté un scaphandre, malgré la chaleur du soleil encore augmentée par le rayonnement de la mer.

L'habitant de Djibouti reçoit la série d'aspersions avec une tranquillité prenant sans doute sa source dans une longue habitude.

Quand, après quarante minutes de cette navigation quasi sous-marine, nous mettons enfin le pied sur la terre ferme, mon compagnon et moi semblons deux êtres tout à l'heure immergés et sortant de l'onde ruisselants comme des dieux marins.

Les Somalis sourient de toute la largeur de leur bouche armées de longues dents blanches. J'ai le sentiment très net qu'ils considèrent cette petite traversée mouvementée comme une revanche sur l'Occidental venant promener son veston européen sur des rives faites pour ignorer ce genre de costume.

Enfin, nous nous secouons comme des barbets, je paye le prix de la série de douches reçues au cours de cette promenade humide, et nous nous dirigeons vers le grand café du Louvre, dont nous distinguons l'enseigne à distance.

— Sommes-nous assez mouillés ! me dit mon camarade de bain, ces animaux-là n'en font jamais d'autres.

— Ils mouillent leurs clients, dis-je, mais ils en reçoivent les éclaboussures.

— Pour ce qu'ils en risquent, répondit l'habitant de Djibouti. Vous avez pu voir comme moi la simplicité de leur costume; une bande de cotonnade de trente à quarante centimètres de largeur et de deux mètres de longueur. A six sous le mètre, leur costume complet leur coûte douze sous... avec la façon ! Ah ! quelle singulière idée j'ai eu de venir dans ce pays.

— Il y a longtemps que vous y êtes installé?

— Bientôt un an. Et jugez du flair dont j'ai fait preuve, j'étais tailleur de mon état quand j'ai quitté la France.

— Vous espériez donner des leçons de coupe aux Somalis?

— Pas du tout, mais je comptais leur faire prendre l'habitude de costumes moins simplistes.

Si je n'avais pas trouvé un emploi dans une autre direction, je ne sais pas trop si je pourrais même m'offrir un costume de saison du genre du leur!

— Leur coiffure est plus luxueuse que le reste du vêtement, fis-je observer.

— C'est juste, mais ils n'en sont pas encore au chapeau haut de forme, comme certains chefs nègres de l'intérieur de l'Afrique. Ils se contentent, pour l'instant, d'un turban de couleur roulé autour du front et se terminant sur la tête par un nœud en cocarde. En voilà une mode!

Je laisse le tailleur transi à ses réflexions amères, et je m'arrête un instant devant le château de M. le gouverneur.

Ce monument de l'art Somali se détache au milieu de bâtiments à toits plats, éparpillés au hasard sur un banc de sable, sorte de blocs de craie se dressant sur le sol nu, sans que la moindre trace de verdure en vienne tempérer l'aspect attristant.

En approchant, nous distinguons mieux les détails de ce palais, unique en son genre.

Le château de son Excellence M. Lagarde, duc d'Antoto, ministre plénipotentiaire près Sa Majesté l'Empereur Ménélick, tient à la fois de la cage à singes et du colombier.

Les trois corps d'habitation sont bâtis en planches et en pierres ponces, le tout badigeonné à la chaux.

De loin, cette bicoque cherche à donner l'impression d'un manoir féodal.

En réalité, c'est un poulailler, nouvelle variante de l'histoire des bâtons flottants :

De loin c'est quelque chose, et de près ce n'est rien.

Le parc de M. le gouverneur répond à la baraque. Il comprend quatre palmiers nains et pas une plante, pas un brin d'herbe en plus.

Un horticulteur est préposé à l'entretien de cette végétation, tropicale par sa situation géographique, mais, en réalité rachitique, anémiée, sans vigueur, dans ce sol aride, et destinée, malgré le jardinier dont l'unique instrument est un arrosoir, à mourir prochainement, grillée, roussie, carbonisée par un soleil implacable.

La place principale de Djibouti est assez pittoresque. On y voit des troupes de chameaux préposés aux usages de la vie publique.

Les uns portent les colis débarqués des paquebots, d'autres traînent des tonneaux d'eau fraîche destinée à l'alimentation, partout le doux animal bossu est employé par les indigènes.

Il existe à Djibouti *une voiture de place !!!*

Cette guimbarde antique, qui tient à la fois du fiacre, de la carriole et de la patache, est traînée par deux chevaux dont la maigreur apocalyptique ferait pousser un gémissement douloureux au propriétaire d'une boucherie hippophagique.

Le cocher était ce jour-là un ancien soldat du bataillon d'Afrique, échoué à Djibouti, on ne sait ni pourquoi ni comment. Nous le hélons, en le priant de nous conduire à travers les rues (?) de la ville. Il accepte, et nous lui demandons son tarif.

Ce dernier est immuable, intangible et irréductible. C'est trois piastres l'heure quand on est seul (la piastre vaut

Palais du Gouverneur a Djibouti.

environ 2 fr. 50), c'est encore le même prix quand on est deux, et on a le droit de faire monter dans ce véhicule, dont les ressorts n'en risquent plus rien, deux ou trois amis, à titre gratuit.

Explication éblouissante signifiant qu'en réalité, à raison de trois piastres l'heure, on peut s'entasser à quatre ou cinq dans ce véhicule.

Enfin nous partons cahin-caha; les chevaux prennent un petit trot de famille qui ne doit guère dépasser 4 kilomètres à l'heure. Avec cet équipage, nous en aurions pour une semaine à aller de Paris à Versailles.

Le cocher, qui n'a pas beaucoup l'occasion de converser, nous raconte l'histoire de ses deux chevaux.

Il paraît que ces deux maigres haridelles ont figuré, vingt ans auparavant, avec une allure avantageuse, sur des champs de course français.

Ils ont même gagné des prix, ajoute l'automédon, qui doit être un peu méridional.

On ne le dirait pas!

De temps en temps le cocher crie : Hue! mais comme il n'a pas de fouet et que peut-être les nobles descendants des purs sang d'autrefois sont sourds comme de vieux pots, les braves bêtes n'en mettent pas un sabot plus vite devant l autre.

Elles vont leur petit bonhomme de chemin, indifférentes aux sollicitations, rétives aux excitations, méprisant les encouragements autant que les injures.

Elles n'ont plus d'amour-propre!

— Des purs sang, Messieurs! hurle le cocher... si c'est pas une honte!

Lui est peut-être honteux, mais ni les chevaux, ni nous, ne semblons l'être.

*
* *

La grande place de notre port d'Éthiopie est encadrée par quelques habitations européennes. Il y a là le bâtiment de la poste, au sommet duquel flotte un drapeau tricolore, et le Trésor, baraque comportant quatre murs percés de deux croisées et d'une porte au-dessus de laquelle s'étale en caractères prétentieux, l'indication : *Trésor*.

La poste vend des timbres d'un dessin spécial, et par suite très recherchés des collectionneurs. Le budget du protectorat trouve dans la vente annuelle de ces timbres une quarantaine de mille francs, recette fort appréciable.

Le café du Louvre, l'Hôtel de France et l'Hôtel des Arcades offrent aux voyageurs séjournant à Djibouti : bon gîte, consommations passables et souper suffisant.

La ville indigène est des plus curieuses. Il y a là une agglomération de cases rustiques, bâties sur un modèle uniforme et qui n'a pas dû fatiguer beaucoup le cerveau de l'architecte en ayant eu le premier la conception.

Groupe de Somalis a Djibouti.

Ce sont des cabanes en paille, consolidées avec des branches d'arbres et ayant pour la plupart une ouverture unique : la porte.

C'est par là qu'entrent l'air et la lumière; et c'est dans l'ombre de ces intérieurs humides et malsains que grouille toute une vermine variée allant du rat au pou, en passant par l'araignée.

Cinq ou six mille indigènes se logent dans ces antres, et tout cela sort des cases à l'arrivée d'un paquebot, piaillant, criant, s'agitant et donnant l'impression d'une fourmilière humaine laborieuse et active, impression toute superficielle d'ailleurs et sur laquelle il ne conviendrait pas d'échafauder un jugement.

Les naturels de Djibouti — nous parlons des hommes — ont des tendances à la coquetterie. Les *pschutteux* de l'endroit se teignent les cheveux avec de la chaux; il en résulte des tignasses d'un roux sale tirant sur la couleur « queue de bœuf ». Il paraît que cette teinte est tout à fait irrésistible.

*
* *

De la terrasse du café du Louvre, où nous nous trouvions depuis un instant, nous regardions le mouvement de la foule indigène circulant, affairée; les uns poussaient devant eux des ânes ayant perdu leur couleur d'origine, sous l'influence des poussières entassées, adhérentes et superposées par couches, les autres marchaient à côté de chameaux chargés de bois ou de sacs de grains, lorsque nous aperçûmes, au tournant de la rue débouchant sur la place, M. Boniface Bollard.

Notre savant marchait l'air soucieux, les lunettes sur le nez, et observant avec attention une chose qu'il tenait dans la main gauche et dont nous ne pouvions pas, à distance, deviner le caractère.

En levant les yeux, il nous aperçut et vint à nous.

— Figurez-vous, nous dit-il, que dans ce pays où rien ne pousse, je viens de découvrir, le long d'une palissade, une plante qui, jusqu'alors, m'avait paru appartenir à peu près exclusivement aux régions avoisinant la côte occidentale d'Afrique.

C'est une apocynée connue en botanique sous le nom de *strophantus hispidus*. Je suis ravi, ajouta-t-il.

— Et quelles sont les propriétés de votre *strophantus?*

— C'est un véritable succédané de la digitale, dont elle a les propriétés caractéristiques. Et voyez, ajouta Boniface, il n'y a pas à s'y tromper, les fruits ressemblent à deux cornes de bœuf remplies de graines. Ces dernières sont surmontées d'une aigrette. Aucune erreur de classification n'est possible.

L'explication du savant, en extase devant sa découverte, ne provoquait pas en nous la même impression, et il s'en aperçut.

— Vous n'êtes pas ému? interrogea-t-il.
— Pas du tout.
— La *strophantus hispidus* ne vous dit rien?
— Comment! elle parle?
— J'entends ne dit rien à vos esprits?
— Rien du tout, et vous savez, M. Boniface, j'ai beau interroger mon cœur, il ne palpite pas du tout.
— S'il palpitait, c'est alors que mon apocynée vous rendrait service, repartit Boniface. Je vous ai dit que cette plante avait les propriétés de la digitale. Mais, continua-t-il, je vois bien que vous n'appréciez pas mon intéressante découverte. Vous êtes des profanes.
— Traduction polie pour ne pas dire : des ignorants.
— Je n'aurais pas employé ce dernier mot, reprit gravement Bollard, parce que, ignorants, nous le sommes tous... Il y a toutefois des degrés dans l'ignorance.
— Et en botanique nous approchons du zéro, dit quelqu'un.
— Mon cher Monsieur, vous vous connaissez mieux que je ne vous connais. Je n'aurai pas l'impertinence de vous contredire.

Et notre savant, riant de sa malice, s'assit auprès de nous, non sans avoir préalablement déposé dans la boîte en fer blanc, suspendue à son côté, la précieuse plante qui lui faisait la surprise de venir promener ses graines sur la côte orientale d'Afrique, alors qu'elle était classée comme appartenant à l'autre versant du continent africain.

* * *

En rentrant à bord, nous avons un spectacle original.

Une douzaine de jeunes Somalis nageant autour du paquebot plongent pour aller chercher les pièces de monnaie jetées à la mer par les passagers.

Rien ne peut donner une idée de l'aisance avec laquelle ces indigènes nagent, se soutenant sur l'eau pendant plusieurs heures sans avoir l'air d'en éprouver la moindre fatigue.

Aussitôt qu'une pièce de monnaie tombe dans l'eau, les nageurs les plus proches font une cabriole et, la tête en bas, donnent un vigoureux coup de jarret pour se lancer vers les profondeurs.

Après quelques secondes d'immersion, ils reparaissent, la pièce d'argent à la main, et, d'un geste de chiqueur, se la placent entre la joue et les gencives.

. . . .

A deux heures de l'après-midi nous appareillons, et peu après nous nous éloignons de Djibouti, qui n'est bientôt plus qu'une ligne noire dont les maisons blanches semblent une volée de mouettes posées au bord de la mer.

Nous naviguons dans le golfe d'Aden.

Peu de tangage, point de roulis.

Le soir vient, et sur le pont du navire on danse au son du piano fêlé, sur lequel s'exerce un jeune Hollandais, familier de la touche d'ivoire.

A ce sujet, je risque une remarque dont mes concitoyens pourraient faire leur profit.

J'ai déjà beaucoup navigué et j'ai eu, à chaque voyage, l'occasion de constater une des lacunes de notre système d'éducation.

Notre instruction est généralement assez étendue, mais on néglige trop, chez nous, les arts d'agrément.

A toutes les fêtes données à bord des paquebots sur lesquels je me suis trouvé, le piano a toujours été tenu par un Allemand, un Anglais ou un Hollandais.

Je ne dirai pas que mon patriotisme en a souffert, mais j'ai souvent regretté de ne pas voir mes compatriotes fournir leur appoint dans ces petites cérémonies artistiques.

*
* *

La cloche du bord sonne minuit. Peu à peu, le pont devient désert ; les passagers regagnent leur cabine, et, dans la nuit claire, brille à l'horizon austral, la constellation de la Croix du Sud.

Dans le détroit de Bab-el-Mandeb.

CHAPITRE V

DANS L'OCÉAN INDIEN. — UN BRUSQUE ARRÊT A 1.500 KILOMÈTRES D'UNE TERRE. — LA CEINTURE DE SAUVETAGE. — EXPLICATION RASSURANTE. — A COLOMBO. — LA PAGODE DE KÉLANI.

De Djibouti à l'île de Ceylan, la route est longue. Huit jours de navigation séparent la côte africaine de la perle des Indes, ainsi qu'on appelle ce merveilleux coin de verdure, où toute la végétation des tropiques s'épanouit dans une splendeur de rêve, faisant de Ceylan une sorte d'oasis au milieu de l'océan.

Le tangage et le roulis, depuis la sortie du détroit de Bab-el-Mandeb, s'étaient faits berceurs. Le paquebot fendait l'azur des flots avec une majestueuse tranquillité et, n'était la trépidation causée par l'hélice, on aurait pu se croire, à de certains moments, sur ce qu'on appelle communément « le plancher des vaches ».

M. Boniface trouvait même cette navigation monotone.

Depuis qu'il se savait garanti contre le mal de mer, il rêvait de bourrasques, d'ouragans et de typhons.

Patience, M. Boniface! Dans quelques semaines, en montant au Tonkin, nous ferons connaissance avec la mer de Chine, et vous aurez plus d'une fois l'occasion de regretter le pacifique Océan Indien.

* * *

Deux jours après avoir quitté les eaux de la mer Rouge, nous avons eu la légère émotion d'un brusque arrêt en plein Océan, à 1.500 kilomètres de la plus voisine des îles Maldives.

Un boulon d'une pièce de la machine s'était brisé. Il fallut stopper, et, pendant que s'effectuait la réparation, nous eûmes l'agrément de voir circuler autour du paquebot deux requins aux aguets, espérant sans doute une proie comme on leur en lance parfois en mer, quand on a à faire glisser par un sabord le corps d'un homme mort pendant la traversée.

En pareil cas, le navire s'arrête, une rapide cérémonie funèbre a lieu, et le cadavre est jeté dans les flots avec un boulet aux pieds afin de l'empêcher de flotter à la surface des eaux. Précaution souvent inutile, car le corps n'est pas descendu à dix mètres qu'il est presque toujours happé par un des poissons voraces comme en recèlent tant les profondeurs de la mer indienne.

La réparation faite à la machine, le paquebot se remit en marche, et la vie du bord, un instant troublée, reprit paisible, uniforme, plus fatigante par sa monotonie que par les brusques secousses résultant des trépidations données par l'hélice que le tangage faisait de temps en temps sortir de l'eau.

Le 31 janvier, par 6° de latitude nord, on imagina de faire une fête à bord, au profit des orphelins de la marine. Cette pensée charitable obtint un plein succès.

L'équipage du paquebot organisa une immense caravane avec exhibition d'ours et de chameaux. Le cortège fit le tour du paquebot, s'arrêtant fréquemment pour donner au cornac des quadrupèdes, « présentés en liberté », le temps le glapir avec accompagnement de cornet-à-bouquin un boniment de circonstance d'un effet des plus comiques. Puis, sur l'arrière, il y eut une représentation un peu « chatnoiresque », avec chansons, monologues, morceaux de piano et solo de flûte.

Conclusion : 1.320 francs pour la caisse des orphelins.

Cette nuit-là, on se coucha vers trois heures du matin, et c'est à peine si, vers la fin de la fête, on s'aperçut que de lourds paquets de mer tombaient sur l'avant, poussés par la mousson Nord-Est (on prononce en langage marin *Nordet*), habituelle en ces parages à cette époque de l'année.

*
* *

Le lendemain de cette soirée, vers huit heures du matin, un marin entrant dans ma cabine vissa hermétiquement la plaque de bronze du hublot, ce qui me mit dans la nécessité de faire appel à la lumière électrique pour ne pas être plongé dans une obscurité complète.

Il m'avait bien semblé que nous roulions fortement; de temps en temps, j'avais vu des vagues sauter le long de la vitre épaisse du hublot, mais la réputation de l'océan Indien avait éloigné de moi toute idée de tempête.

— C'est un grain? demandai-je au marin se livrant à l'opération du vissage de la plaque en métal.

— Pour l'instant, oui Monsieur, ça n'est qu'un grain, mais ça changera peut-être de nom dans la journée, me répondit le matelot avec un sourire gros de promesse.

A ce moment passait devant ma porte un loustic du bord qui disait à quelqu'un :

— Ceux qui aiment la danse vont être servis !

J'ai le rare privilège de supporter admirablement la mer, alors même qu'elle manifeste les accès d'une mauvaise humeur des plus accentuées.

J'ai connu des tempêtes de sept jours, des cyclônes de quarante-huit heures, la grande valse furieuse sur les flots déchaînés, et j'ai eu, en ces diverses circonstances, l'avantage de constater que, si je perdais parfois l'équilibre, je conservais néanmoins une parfaite quiétude dans le maniement de la fourchette et un estomac ignorant les inconvénients du mal de mer. Aussi l'annonce de la tempête ne me troubla-t-elle point.

Toutefois, un moment après cette première visite, j'en reçus une autre qui me produisit une impression plutôt désagréable.

Un des officiers du bord pénétra dans ma cabine et me demanda, avec la plus exquise politesse, si je savais me servir d'une ceinture de sauvetage ?

— Pas du tout, lui répondis-je.

— Dans ce cas, je vais vous envoyer un matelot pour vous apprendre la manière de placer les lièges.

— Comment ! on prévoit qu'il sera nécessaire de mettre des ceintures ?

— Pas du tout, mais comme on a oublié, au départ, d'initier les passagers à cette petite manœuvre, on le fait aujourd'hui.

A ce moment, des exclamations retentirent dans une cabine voisine.

Charrette a bœufs a Colombo.

C'était un paquet de mer qui venait d'entrer, sans se faire annoncer, chez M. Pulicani, l'agent des postes et je l'entendis qui criait à son garçon de service :

— Fermez donc mon hublot, tonnerre de sort ! Vous laissez entrer des baleines chez moi, maintenant. Je n'ai pourtant pas commandé de bain de pied ce matin.

Puis, dans d'autres directions, je perçus des cris, des plaintes, des appels.

L'officier avant de se retirer me dit :

— C'est la petite leçon relative au placement de la ceinture de sauvetage qui trouble les passagers. Quelques-uns s'imaginent sans doute que nous allons sombrer.

— Vous auriez peut-être pu choisir un autre moment pour faire vos démonstrations, fis-je observer.

— On ne songe pas à tout ! répondit l'officier en s'éloignant.

Dix minutes après, un brave Mathurin venait me donner la leçon annoncée, expliquant sa présence par ces mots dits avec une simplicité dont j'appréciai vivement le charme :

— Dans des coups de tampon comme celui qui se mijote, on ne sait jamais si on n'ira pas faire du bouillon au fond de la grande tasse. Alors... Vous comprenez ?...

— Très bien, fis-je sans insister. Mais lui reprit :

— Avant de filer comme un gredin dans les bas-fonds, la quille en l'air, vaut toujours mieux essayer de flotter un peu.

— C'est tout à fait mon avis.

— Ça fait passer un petit moment supplémentaire sur notre belle planète, continua-t-il avec bonhommie.

Tout en me prodiguant ses réconfortantes appréciations, mon Mathurin se passa la ceinture, m'indiquant que c'était non point autour des reins, mais sous les bras qu'il fallait se placer l'appareil. Puis, la leçon terminée et en se débarrassant des tablettes de liège, il reprit avec un dédain non dissimulé :

— N'empêche que c'est toujours pas avec ce colifichet-là que vous aborderiez jamais quelque part si nous coulions aujourd'hui ; nous sommes à plus de trois jours d'une terre et encore en filant seize nœuds à l'heure. Aussi, continua le bavard, supposez une supposition comme qui dirait un naufrage !

C'que nous serions fichus,
Lanturlu !

— Dites-moi, lui demandai-je, est-ce que vous tenez ce langage rassurant à tout le monde ?

— J'ai pas encore parlé ce matin, répondit le matelot.

— Tous mes remerciements de m'avoir réservé la primeur de vos sages conseils.

Le Mathurin, qui allait sortir, s'arrêta sur le seuil de la cabine et me dit :

— Je crois que vous vous moquez de moi ! Enfin, reprit-il avec un mouvement d'épaules, si ça vous amuse, allez-y, j'ai bon dos !

Un instant après, je l'entendis entrer dans la cabine à côté, et à travers la cloison le son de sa voix un peu claironnante me parvint :

— Dans des coups de tampon comme celui qui se mijote...

Je compris que le marin instructeur rééditait, dans la même forme, son petit discours de tout à l'heure.

*
* *

Six jours après, nous étions à Colombo.

Les voyageurs qui se rendent aux Indes, en Chine ou en

Océanie, font généralement relâche dans ce port, situé sur la côte occidentale de l'île de Ceylan.

J'ai compris, après quelques heures de promenade à travers ce pays d'Eldorado, pourquoi tous ceux qui ont écrit leurs impressions sur ce coin de l'Inde se sont extasiés en en décrivant les merveilles.

Il est, en effet, difficile de trouver, même dans cette zone équatoriale où la nature distribue, sans compter, toutes les richesses d'une végétation inconnue en Europe, endroit plus séduisant, plus captivant que cette admirable côte de Ceylan.

Là, les arbres font aux promeneurs des dômes de verdure, et, dans le feuillage des cocotiers et des bananiers aux larges feuilles, des myriades d'oiseaux minuscules gazouillent et lancent d'une façon presque ininterrompue des fusées de trilles joyeux. Des senteurs étranges, des parfums inconnus semblent sortir de terre ; la brise qui passe a la douceur d'une caresse, et apporte au promeneur les effluves des fleurs dont elle vient de faire frissonner les pétales.

Sur le bord des rivières et des étangs, les lotus se balancent, bercés par le vent qui passe, et, un peu partout, l'*hibiscus*, la fleur rouge de l'Inde, troue d'un éparpillement de rubis les profondeurs de cette verdure tropicale.

***

La rade de Colombo ne permet pas aux grands paquebots d'aborder « à quai », et il faut faire environ deux ou trois kilomètres en barque pour arriver au ponton.

A peine quittions-nous la chaloupe, que deux indigènes parlant un charabia ressemblant vaguement à un patois français nous accostent pour nous proposer leurs offices d'interprètes.

Nous acceptons l'un d'eux comme cicérone, et nous nous faisons conduire à la poste dans un *pousse-pousse* traîné par un indien. Notre guide suit, en trottant.

Le pousse-pousse est une petite voiture basse à une place; le quadrupède qui traîne nos véhicules européens est, ici, remplacé par un bipède qui remorque son voyageur au pas gymnastique.

Bon nombre de passagers du paquebot usent de ce moyen de locomotion, et c'est une course joyeuse à travers les rues de Colombo. On se reconnaît, on se salue au passage en échangeant un propos gai, et tout le monde se retrouve à la poste.

Dans l'île de Ceylan, notre monnaie n'a pas cours. On doit convertir ses pièces d'or ou d'argent en roupies (la roupie vaut 1 fr. 70); généralement, on prend 0,60 de change pour 20 francs.

Comme monnaie divisionnaire, il y a le cens, qui vaut 1 centime 7. Cent cens font une roupie; l'affranchissement, des lettres à destination de l'Europe est de 15 cens, soit 25 centimes 5.

En sortant de la poste, nous parcourons Colombo dans notre pousse-pousse, et, par suite d'un rendez-vous général, nous nous rencontrons en groupe à l'Hôtel Oriental. On nous a indiqué comme curiosité la promenade de Mont Lavignia, point pittoresque se trouvant à moins de douze kilomètres de la ville. On projette d'aller dîner là-bas et de visiter, en passant, la très curieuse pagode bouddhique de Kélany.

Quelques-uns d'entre nous conservent leur véhicule à une place. Nous préférons recourir à un mode de locomotion plus rapide, et nous prenons un *malabar*, voiture à quatre places traînée par un cheval cingalais.

La route qui conduit à Lavignia est admirable. Toute la

végétation de l'île s'y rencontre, et c'est avec un véritable sentiment de plaisir que nous nous reposons les yeux sur cette verdure touffue faisant flotter au-dessus de nos têtes un ondoyant écran de feuillage, nous protégeant contre les rayons du soleil.

Le sol est d'un aspect rougeâtre. C'est une terre argileuse et ferrugineuse. De temps en temps, sur le chemin, nous

rencontrons des chariots couverts, dont la carcasse supérieure est en paille tressée. Ces chariots sont traînés par des bœufs à bosse, de petite taille.

A 10 kilomètres de Colombo, notre cocher indien s'arrête et nous indique d'un geste que nous sommes arrivés au sentier conduisant au temple de Bouddha.

Nous nous engageons dans un chemin bordé de papayers, d'aréquiers et de cocotiers chargés de fruits. Un passant nous offre une chique de bétel.

Cette chique se compose d'une feuille verte contenant des morceaux de noix d'arèque et un peu de chaux.

Nous remercions, en déclinant cette offre gracieuse, et nous arrivons au seuil de la pagode.

Un bonze, gravement accroupi sous la voûte d'entrée, lit les saintes écritures dans un livre rédigé en langue pâli (dérivé du sanscrit). Il nous salue de la tête, mais ne se dérange pas. Un Indien parlant un peu l'anglais est chargé de nous conduire dans les divers pavillons composant l'ensemble de la pagode.

On nous montre ainsi le tombeau de Bouddha, sorte de cône d'aspect peu monumental et qui ne renferme nullement d'ailleurs le corps du grand Çakiamouny.

Bouddha a ainsi des tombeaux partout. Il ressemble en cela à la tête de ce saint qu'on trouvait dans un certain nombre d'églises catholiques d'Europe, au siècle dernier.

Dans une seconde salle nous voyons un Bouddha de 10 mètres de taille environ, couché sur le flanc et regardant vaguement la porte de ses yeux bleus, en faïence de Chine.

Sur un autel, la mère de Bouddha est représentée couchée sur une natte et s'offrant aux prières des croyants qui viennent solliciter son intervention.

Sur les murs, tous les dieux brahmanistes : Syva, Rama et Vichnou s'inclinent devant le Bouddha, dont ils reconnaissent la supériorité.

Au seuil du temple, des pièces de monnaie sont fixées sur le sol en mosaïque. Néanmoins nous n'y voyons pas de pièces d'or, mais seulement de la monnaie d'argent. Le respect du culte bouddhique n'est pas incompatible avec le sentiment de l'économie.

Dans une autre pièce, des reliques du Bouddha sont conservées. On a de lui une dent creuse et un ongle du pied sacré, qui est le pied droit.

Un indien, à qui nous donnons le pourboire traditionnel (le batchich est de toutes les contrées) nous offre une « olle » de latanier, sorte de feuille de palmier, sur laquelle sont gravés des préceptes de Bouddha en sanscrit. Nous acceptons le papyrus — ce sera un souvenir de notre visite à la pagode cingalaise de Kélany.

Avant notre départ, on nous fait goûter une noix de coco royale, détachée de l'arbre principal dont le feuillage protège de son ombre l'un des côtés du temple.

Le lait de ce fruit ne nous paraît pas mériter la saveur qu'on lui accorde assez volontiers dans les livres de voyage.

Il y a lieu toutefois de constater — et c'est une circonstance de nature à atténuer notre appréciation — que la noix de coco dont on nous fait les honneurs a été longtemps exposée aux rayons du soleil.

L'enveloppe est chaude et le liquide aussi.

J'espérais un breuvage glacé.

L'expérience se termine par une grimace collective des invités.

Le bonze, pendant tout ce temps, n'a pas fait un mouvement. Il reste accroupi, rigide, immuable dans sa position recroquevillée, se donnant ainsi les allures du Bouddha dont il est l'un des humbles disciples.

Nous le saluons en quittant la Pagode. Il nous regarde un instant, de ses yeux bridés qu'éclaire un sentiment de malice, incline légèrement la tête et reprend sa lecture.

Il a dû juger du premier coup d'œil que nous n'étions pas de l'étoffe des prosélytes, aussi ne se donne-t-il ni mouvement, ni peine pour nous reconduire au seuil de sa demeure.

Il laisse ce soin au bedeau de la pagode, qui, lui, se confond en révérences et allonge une main qu'il creuse de son mieux pour nous inviter à la remplir de cens et autres monnaies trébuchantes à l'effigie de la Queen.

Il nous remercie en malais ou en sanscrit, deux langues que nous ignorons également et pendant que des enfants nous apportent des hibiscus rouges et des roses blanches (toujours pour recevoir le batchich), nous voyons notre homme aller rendre compte à son chef de la générosité des étrangers et déposer à ses pieds une partie de la cagnotte. Le bonze fait une grimace. Il paraît que la recette est maigre.

Pagode de Kelany.

Route de Mont-Lavignia.

CHAPITRE VI

A L'HÔTEL DE MONT-LAVIGNIA. — UN DÎNER INDIEN. — UN PRESTIDIGITATEUR. — UN NÉGOCIANT PARSI. — UNE CÉRÉMONIE RELIGIEUSE DANS LA NUIT. — LE BATEAU-BALANCIER. — ARRIVÉE A SINGAPOOR.

En sortant de la pagode de Kélany, nous prenons la route de Mont-Lavignia. Notre malabar va cahin-caha, et nous remarquons que pas une seule fois pendant la route notre cocher hindou n'a stimulé son cheval. Ce dernier trotte doucement, d'un pas régulier, obéissant à la guide et ne recevant ni coups, ni apostrophes, ni injures.

Les cochers de l'île de Ceylan ont des mœurs très différentes de celles des cochers parisiens, et il nous semble bien qu'au moins en ce qui concerne cette corporation la civilisation occidentale aurait grand besoin de s'inspirer un peu des procédés en usage au pays des Cingalais.

⁎⁎⁎

A six heures du soir, nous arrivons à l'Hôtel de Mont-Lavignia, point superbe d'où on domine l'Océan Indien, dont les flots viennent mourir aux pieds de la colline. Le soleil est déjà fort bas sur l'horizon. Ce n'est point l'heure du crépuscule, car on sait que, sous les tropiques, le crépuscule n'existe pas. Néanmoins nous voyons descendre lentement le disque rouge qui s'engloutit peu à peu dans les flots de la mer, et nous ne pouvons nous empêcher de penser : c'est là-bas, dans cette direction, que se trouvent les êtres que nous aimons ; c'est là-bas qu'est la patrie, là-bas qu'est ce beau pays de France que nous avons quitté tous avec un serrement de cœur et que nous reverrons avec la joie des êtres qui reviennent de contrées lointaines, où le ciel a d'autres teintes, où tout ce qui vit, tout ce qui respire, semble vivre et respirer dans un milieu différent de celui que l'on a laissé.

⁎⁎⁎

Nous faisons à Mont-Lavignia un dîner mi-partie anglais, mi-partie indien, en compagnie d'un de nos compatriotes qui vient d'arriver en pousse-pousse.

La salle à manger très vaste, très haute de plafond, donne sur la mer.

Tous les murs sont blanchis à la chaux, sans un ornement, sans un tableau.

Des colonnades en stuc soutiennent le plafond. Ces colonnades sont de style bâtard. Il y a de l'ordre corynthien, du byzantin et de l'indien dans leur architecture.

On dîne par petites tables. Le service est fait par des hindous, dont la longue chevelure est retenue par un double peigne d'écaille, simulant une corne, au-dessus de leur front.

Ils mâchent un charabia dans lequel on démêle confusément de l'anglais, du français, du malais et on ne sait quoi encore.

Le menu vaut qu'on en cite quelques échantillons : On nous offre d'abord un potage aux légumes (*végétable soup*), puis des crevettes cuites au riz et entourées de patates. Du poisson de mer assaisonné à une sauce qui contient tous les piments de l'Inde. Des tranches de filets de buffle marinées dans du vinaigre, ce qui leur donne une teinte anémiée, un salmis de perdrix résistant au couteau et à la dent, un « cabinet pudding » entouré de confitures d'abricots et de pêches, et le fruit du papayer, sorte de pastèque sucrée d'un goût assez agréable. Le dîner se termine par du fromage de Chester entouré de cresson (à Londres, on le mange avec du céleri) et des fruits variés : oranges, bananes, etc.

Vers la fin du dîner, un Cingalais nous offre, au clair de la lune, le spectacle de ses exercices de prestidigitateur. Il fait germer sous nos yeux, presque instantanément, une plante du sol, et, sortant ensuite d'un panier un serpent cobra, il se fait mordre à la langue et à la joue par le venimeux reptile à la morsure mortelle.

Cette fantasmagorie nous coûte une demi-roupie, soit 85 centimes; notre sorcier indien manifeste par des courbettes sa profonde satisfaction.

En réalité sa plante à germination rapide était dans sa manche, et, quant à la morsure de son cobra, il est probable que le malin est depuis longtemps inoculé du sérum antivenimeux du docteur Calmette, sérum vulgarisé dans les régions indiennes par l'armée anglaise, qui s'en procure chaque année des quantités considérables à l'Institut Pasteur.

Entre temps, un parsi vient nous offrir des pierres fines d'une valeur extraordinaire. Il y a là diamants, rubis, œils de chat, etc... toute une variété rutilante et éblouissante. Il en demande mille roupies, soit 1.700 francs.

Un Hollandais se rendant à Batavia, et qui est un de nos camarades de bord, marchande le lot. Le Dr Hantz, médecin des colonies, qui, ayant beaucoup navigué, beaucoup vu, et beaucoup retenu, lui glisse à l'oreille : Offrez-lui deux roupies du tas, soit 3 fr. 40, et dites-lui d'aller se faire pendre ailleurs.

Notre Hollandais suffoqué croit à une plaisanterie. Le Dr Hantz, pour le convaincre, offre les deux roupies à l'Indien, qui s'en va furieux, scandalisé et manifestant son mépris pour des gens aussi peu sérieux.

A neuf heures du soir, nous remontons en voiture pour nous rendre à Colombo; le paquebot doit partir pour Singapoor à quatre heures du matin.

Nous traversons un bois touffu, et des lucioles se jouant dans les branches semblent faire pleuvoir autour de notre voiture des myriades d'étincelles.

En sortant de cette forêt, nous sommes surpris de voir le long du chemin des torchères flambant dans la nuit et éclairant la route. Ces torchères sont plantées en terre, à 1^m,20 de hauteur environ. Elles se composent d'une tige de bois au sommet de laquelle une grosse noix de coco creusée et contenant de l'huile de coco fait l'office d'une torche.

Après quatre kilomètres de route, nous avons l'explication de cet éclairage nocturne.

A proximité d'un village cingalais s'élève, dans les bois, une église catholique. Les portes sont largement ouvertes et, dans le fond du sanctuaire, le maître-autel, brillamment éclairé, indique qu'on célèbre cette nuit-là (1er février) une cérémonie du culte. L'église est remplie d'Indiens et d'Indiennes parqués séparément de chaque côté de l'église. Tous sont à genoux, aucune chaise ne se trouvant là. Sur un des côtés du chœur, une douzaine d'Indiens chantent au lutrin, d'une voix nazillarde, accompagnés par un Hindou faisant gémir un violon.

Un missionnaire à longue barbe noire, un peu chauve, officie.

A Mont-Lavignia.

Et c'est une chose curieuse et grandiose tout à la fois, que cette humble église en plein bois, ayant un nombreux public de fidèles recueillis et prosternés, écoutant les chants liturgiques avec la béatitude extatique de la foi.

Le missionnaire qui dessert cette église a eu à lutter contre les bonzes de Bouddha et contre les pasteurs anglicans. Il a su, néanmoins, à force d'efforts, convertir un village presque entier. Ce missionnaire est, nous dit-on, un croyant, basant toute son œuvre de propagation catholique sur la bonté, la charité, la tolérance et la patience.

Les missionnaires sont d'ailleurs, en général, des hommes dignes de tous les respects.

On peut ne point partager leurs croyances, mais il est difficile de ne pas s'incliner devant ces apôtres quittant à l'âge de vingt-cinq à vingt-six ans la France, leur patrie, sans espoir de retour, sans pouvoir se dire que dans un avenir même lointain, ils reverront les parents, les amis qu'ils ont laissés là-bas. Ils ont dit adieu pour jamais à tout ce qui les rattachait au sol natal, et ils sont venus parmi ces peuplades d'une civilisation si différente de la nôtre, pour y prêcher, pour y enseigner ce qu'ils croient être la vérité.

La destinée les a conduits dans des contrées lointaines; ils doivent y vivre et y mourir sans espoir de revoir un coin du beau ciel de la France. C'est la règle de l'ordre, règle cruelle, impitoyable et qui fait plaindre et respecter ceux qui ont eu l'atroce courage de s'y soumettre.

*
* *

A onze heures du soir nous étions de retour à l'Hôtel Oriental de Colombo.

Dans le grand salon, des Anglais, en habits noirs et cravatés de blanc, faisaient danser gravement des Anglaises en toilette de soirée. Il en est ainsi tous les jours, les distractions n'abondant pas aux colonies.

Dans une salle voisine, d'autres Anglais en manches de chemises — on les sait sans-gêne — jouaient au billard.

Au salon de lecture, qui est de dimensions énormes, gentlemans et ladys lisaient et écrivaient dans un silence profond, contrastant avec le tapage des salles adjacentes.

Au moment où nous sortions de l'hôtel pour nous rendre à bord, un Indien déjà vu se précipita vers nous, et, abordant notre compagnon hollandais, lui étala sous les yeux un amoncellement de pierres fines.

— Deux roupies, proposa le Hollandais, qui avait fait son profit des indications du médecin colonial.

— Toi les prendre, monsi, répondit l'Indien avec un noble geste d'abandon suivi d'une empochade joyeuse et précipitée des deux pièces blanches.

— Trois francs quarante centimes au lieu de 1.700 francs !!!

Depuis un voyage fait en Grèce deux années auparavant, je ne crois pas avoir rien vu de plus stupéfiant que cette façon d'entendre le commerce.

**

Il était près de minuit lorsque nous songeâmes à regagner le paquebot. La nuit était douce, une véritable nuit d'Extrême-Orient.

D'un bout à l'autre de l'horizon, pas un nuage n'obscurcissait le ciel constellé de points d'or.

Une douce brise de mer succédant à la chaleur du jour nous apportait un frisson de caresse.

Avant d'être à bord, nous avions quatre kilomètres à faire en bateau-balancier.

Ce genre de navigation est tout à fait spécial. La barque mal équilibrée, et qui peut contenir cinq personnes, y compris les trois Indiens chargés de ramer, a pour contrepoids deux arcs-boutants ; quelque chose comme deux demi-cercles d'une immense barrique, cloués le long du bord gauche (bâbord) et distants entre eux de deux mètres environ.

Ces deux arcs-boutants vont du bateau à la mer, et ils se trouvent réunis à leur autre extrémité par une longue pièce de bois faisant contrepoids à la barque et à son chargement.

Ce n'est pas d'une élégance extrême, mais il paraît que ce système tient très solidement à la lame. La difficulté consiste dans l'embarquement et dans le débarquement. Un geste maladroit, une glissade en descendant dans l'embarcation, et elle se retourne, son balancier en l'air. Ce n'est pas le dernier mot du confortable, mais nous n'avions pas l'embarras du choix.

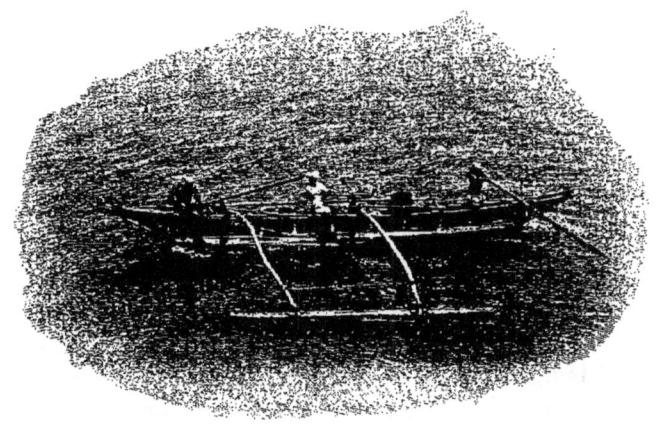

Bateau-balancier.

Nous réussissons à nous embarquer sans accident ; maintenant, à la condition de remuer très peu, de ne se pencher ni à droite ni à gauche, d'observer une position recroquevillée, gênante et parfois douloureuse, il est permis d'espérer arriver à destination, sans additionner le voyage d'un plongeon au fond de la rade.

Après une demi-heure de cette navigation originale, mais dépourvue de charmes, nous accostions à l'escalier du *Calédonien*.

Une fois sur le pont du navire, nous nous regardâmes avec satisfaction, et il y eut du soulagement dans le geste avec lequel on s'allongea, un instant après, sur une chaise longue de l'arrière, en allumant un cigare.

Notre Hollandais, enchanté de son acquisition de pierres fines, les montra avec une certaine vanité au commandant.

— Je ne les ai payées que deux piastres, dit-il à ce dernier, avec le sourire du triomphe.

— Vous avez toujours bien été volé de moitié, répondit le commandant, après un coup d'œil expert jeté sur la camelote.

* *
*

Nous doublons, le 6 février, à midi, la pointe Nord-Ouest de l'île de Sumatra, et nous voici naviguant depuis vingt-quatre heures dans le détroit de Malacca, par 97°,5 de longitude Est et 3°,3 de latitude Nord. Point relevé à midi.

Nous avons laissé sur la droite l'île de Poulo-Way, sorte de montagne couverte d'une végétation touffue et serrée donnant l'impression de la brousse.

Le point affiché, comme tous les jours, en haut de l'escalier des premières, nous indique que nous n'avons fait en vingt-quatre heures que 295 milles.

La marche ordinaire du navire donne une moyenne de 330 milles par jour. Nous avons perdu 35 milles par conséquent, et la veille nous avions déjà perdu 45 milles. Cela tient à la mousson Nord-Est, qui nous a secoués de violente façon par le travers du golfe de Bengale, contrariant ainsi la marche du paquebot.

La mer est d'un calme admirable. La température est lourde. Le thermomètre indique 33° à midi et demi.

Le Chinois chargé d'agiter le *panca* pour nous éventer à l'heure des repas a l'air de somnoler. Il tire sa corde sans conviction; cet homme-éventail ne paraît attacher aucune importance à sa fonction, pourtant si utile en ces climats.

Il fait un effort léger toutes les deux ou trois minutes met ainsi le panca en mouvement, puis, s'arrête et ferme les yeux.

Quelqu'un pensant qu'il dort l'apostrophe rudement :

— Hé, là ! le boy-panca, est-ce que vous allez ronfler tout à l'heure ?

Le Chinois regarde son interlocuteur d'un œil curieux, plisse le nez, sourit en montrant trente deux dents jaunes, ainsi qu'il convient à un fils du ciel, et répond en excellent français :

— Si vous étiez à ma place, par une chaleur pareille, il y a longtemps que vous dormiriez.

Et sans ajouter un mot, il se met à tirer sur la corde, ce qui, en somme, était tout ce qu'on lui demandait.

Après le déjeuner, M. Boniface s'approchant de moi, me dit d'un air profondément satisfait :

— Demain à midi, nous serons à Singapoor, le jardin botanique y est admirable et le musée superbe.

— Nous irons voir l'un et visiter l'autre, si vous le désirez, répondis-je.

— Le musée est particulièrement intéressant. On s'est borné à faire une exposition uniquement composée des produits de ces régions. On n'y voit rien de ce que l'on rencontre dans nos musées d'histoire naturelle européens. Vous voulez bien m'y accompagner ?

— Comment, si je le veux !... Mais je ne pense qu'à cela depuis notre entrée dans le détroit de Malacca. Le jardin botanique contient tous les échantillons de la *flore* équatoriale. Vous savez que Singapoor est à un degré près sous l'équateur. Je me fais une joie de passer quelques heures au milieu de ces fleurs et de ces plantes, auxquels des yeux européens ne sont pas habitués.

— Parfait !... Je vous accompagnerai, si vous le voulez bien.

— Entendu, seulement, ajouta notre savant, toujours un peu moqueur, si vous voulez vous rendre compte des admirables nuances des fleurs de Singapoor, je vais vous donner un conseil :

— Parlez.

— Eh bien ne descendez pas à terre avec des lunettes bleues.

*
* *

Bien curieuse l'entrée de Singapoor avec ses îlots chargés de verdure, sa rade remplie de paquebots venus de toutes les parties du monde et son village lacustre dont les habitations s'égrènent le long du rivage, donnant l'impression d'une résurrection d'époques lointaines se perdant dans la nuit des temps.

Ici, nous n'avons pas le désagrément du mouillage en rade, à distance considérable de la terre ; on aborde à quai et, pendant les six heures d'escale, tous les passagers désertent *le Calédonien*, dont les soutes s'emplissent d'un charbon semblant se désagréger à l'air et enveloppant le navire d'un nuage de poussière noire. Les treuils font un vacarme assourdissant, les coolies crient, les sifflets de manœuvre jettent leur note stridente dans cette cacophonie, et c'est en nous bouchant les oreilles que nous quittons le navire.

Comme à Colombo, nous trouvons sur le quai de débarquement de longues files de « pousse-pousse » traînés, non plus par des Indiens, mais par des Chinois coiffés de chapeaux de paille en forme d'abat-jour. Néanmoins, nous laissons de côté le véhicule attelé d'un bipède pour monter dans un *malabar* remorqué par un petit cheval de race cambodgienne.

Le malabar, plus commun qu'à Ceylan, est le fiacre de Singapoor. On y tient aisément quatre, toute la cage de la voiture est un réseau de persiennes aux barreaux largement espacés permettant la circulation de l'air, tout en interceptant les rayons du soleil.

La partie supérieure des portières, sans vitres, reste ouverte.

Notre malabar nous conduit à l'hôtel de l'Europe, situé à 3 kilomètres du débarcadère des paquebots.

Pendant le trajet, nous regardons de longues files de maisons peintes en bleu, depuis les teintes claires jusqu'aux nuances les plus foncées.

Les enseignes des boutiques, presque toutes en caractères chinois, indiquent que le commerce de Singapoor est entre les mains des Célestes, dans une proportion considérable. Il y a deux cent mille Chinois dans ce port de la Péninsule malaise.

Notre malabar, dont le « pégase » trotte rapidement sous un soleil torride, nous fait traverser les rues principales.

Nous y voyons circuler, affairés, pressés, indifférents les uns aux autres, des Malais, des Annamites, des Indiens, des Japonais, des Javanais et, de loin en loin, quelques Anglais.

Dans une rue presque exclusivement chinoise, nous assistons — vision rapide mais originale — au spectacle d'un barbier chinois rasant un client en plein vent.

Celui-ci, les yeux fermés, béat, ravi, se laisse frictionner, savonner, cosmétiquer. Le barbier, après le rasoir, prend le pinceau et rectifie la ligne des sourcils... à l'encre de chine, naturellement.

Il arrose de parfum au santal (l'air en est infecté) la natte de son concitoyen, et il termine la toilette de son client en lui curant les oreilles.

La scène n'est pas peu divertissante. Un peu plus loin, nous nous arrêtons devant un marchand de fruits, et, pour la première fois de mon existence, je savoure un *mangoustan*, sorte de grenade d'un goût délicieux, qui, malheureusement, ne peut pas s'exporter.

Le mangoustan s'épluche comme une orange, néanmoins l'écorce, de couleur rougeâtre, est beaucoup plus épaisse et moins adhérente au fruit intérieur.

Ce dernier est d'une blancheur laiteuse, divisé en côtes et d'une saveur exquise.

Sur le littoral de la Péninsule malaise, on prétend que le mangoustan est le meilleur fruit du monde.

Les Malais ne connaissent sans doute ni les poires duchesses, ni les pêches de Montreuil, ni même la bonne grappe de raisins de nos côtes de la Bourgogne et du Bordelais.

VILLAGE MALAIS A SINGAPOOR.

L'ÉLÉPHANT DU JARDIN ZOOLOGIQUE DE SINGAPOOR.

CHAPITRE VII

PROMENADE AU MUSÉE ET AU JARDIN ZOOLOGIQUE DE SINGAPOOR. — POULO-CONDOR. — ARRIVÉE A SAÏGON. — UNE CHAMBRE CONFORTABLE. — LA FÊTE DU TÊT. — LE JEU DE BACOUAN. — LES FUMEURS D'OPIUM. — LA PAGODE DE GOVAP. — LE RATELIER DU ROI NORODOM.

Ainsi que l'avait indiqué M. Boniface Bollard, il y a deux choses importantes à visiter à Singapoor, quand on a terminé une excursion à travers les rues, excursion indispensable au voyageur désirant se rendre compte des originalités de cette ville indienne, aux allures cosmopolites.

Les deux choses à voir sont : le musée et le jardin zoologique. Le musée contient des échantillons de la flore et de la faune de la région.

Les tortues gigantesques, les poissons de l'Océan Indien, le *Dugon*, sirène des anciens ayant un buste à peu près humain et le reste du corps terminé en queue de poisson, sont disposés dans de larges et hautes vitrines surmontées de l'étiquette indicatrice.

Le long des murailles sont suspendus : le diable des mers — sorte de raie de proportion colossale, deux ou trois types de requins desséchés, et parmi eux le requin-marteau, fréquent dans ces parages. Un cachalot, l'ossature d'une baleine et toute la variété des grands poissons sont également exposés. La curiosité de ce musée tient à ce fait qu'il ne ressemble à aucun des musées européens. On n'y expose que les animaux des régions intertropicales.

Une heure passée dans ces salles intéressantes équivaut à une excellente leçon d'histoire naturelle et de zoologie comparée.

Le jardin nous offre les échantillons vivants des animaux de l'endroit : des tigres, des jaguars, des panthères et, dans une cale divisée en compartiments, toutes les variétés de singes : gorilles, orangs-outangs, cynocéphales, etc. Ces derniers exécutent sous les yeux des rares visiteurs des cabrioles à désespérer le meilleur des clowns du cirque Rancy.

Quant à la végétation de ce jardin, la description en est difficile. Tout ce qui pousse, tout ce qui vit sous les tropiques s'étale là, dans une majesté luxuriante, offrant à l'œil les chatoyements des couleurs les plus brillantes et l'ombre épaisse et reposante des feuillages protecteurs.

Le jardin de Singapoor est une merveille. Pourtant, il paraît que nous verrons mieux encore à Saïgon.

* *

Nos six heures de séjour à Singapoor passent rapides comme une éblouissante vision. Nous remontons à bord, où nous trouvons plusieurs passagers hollandais qui nous font leurs adieux, entre autres un chimiste distingué, M. Van Ryn, qui, récemment, était venu passer quelques mois dans le nord de la France, en vue d'y étudier les procédés de nos grandes distilleries agricoles. Il se rend à Java, et c'est à nos industriels du Nord qu'il a fait les commandes relatives à son installation dans la grande colonie hollandaise.

A partir de l'instant où nous quittons Singapoor, notre navire change de direction. Nous n'allons plus vers l'Est ; nous montons vers le Nord par des fonds de 40 à 50 mètres.

Toute cette partie des mers de Chine, jusqu'à Saïgon, ne présente pas de profondeurs supérieures à 90 mètres. Nous sommes loin des abîmes de 4.500 à 5.000 mètres de l'Océan Indien.

Nous avons la mousson Nord-Est debout, c'est-à-dire soufflant dans un sens directement opposé à la marche du navire. Il en résulte un tangage rappelant les balançoires de foire.

On s'en aperçoit au dîner. Il y a des vides éloquents le long des tables. M. Boniface Bollard se sent en appétit et fait une abondante consommation de hors-d'œuvres, avant d'aborder avec la sérénité d'un estomac solide les plats de résistance.

La température se maintient dans les proportions des derniers jours. Le thermomètre oscille entre 25 et 32°.

Il paraît que nous devons nous estimer très heureux. On nous fait entrevoir qu'à Saïgon nous trouverons à peu près la même température, mais par une chaleur humide et déprimante.

A ce point de vue, il y a une chose intéressante à noter : en partant de Marseille, le 15 janvier, nous étions en hiver, nous avons trouvé le printemps, du côté de l'Égypte, l'été depuis la mer Rouge jusqu'ici.

Comme je dois monter en Chine, dans quelques semaines je vais être obligé, à partir de Hong-Kong, de reprendre les vêtements d'hiver. On nous annonce de la neige à Shanghaï.

En réalité j'aurai trouvé tous les climats en deux mois.

En vue de l'île de Poulo-Condor,
9 février.

Nous longeons depuis sept heures du matin les côtes des îles de Poulo-Condor, lieu de relégation des condamnés de l'Indo-Chine. Le tangage s'est calmé. La mer brise un peu, mais nous marchons néanmoins à 14 nœuds à l'heure.

Nous serons ce soir en vue du cap Saint-Jacques, à l'entrée de la rivière de Saïgon, et à Saïgon à deux heures du matin. Sur les 750 passagers embarqués à Marseille, il n'en restera pas demain 10 à bord; tous les militaires débarquent pour se rendre au Tonkin, et la plupart des fonctionnaires et commerçants s'arrêtent en Cochinchine.

*
* *

Le 10 février, à dix heures du matin, après quatre heures de navigation sur la branche du fleuve conduisant du cap Saint-Jacques à Saïgon, nous abordons à l'appontement des Messageries maritimes.

Saïgon compte 20.000 habitants, sur lesquels 2.000 Européens environ. La ville donne l'hospitalité à plus de 10.000 Chinois; les Annamites entrent à peine pour un tiers dans le chiffre total de la population.

Ce qui nous frappe en débarquant, c'est l'aspect moderne de cette ville; les rues sont larges et bordées de beaux trottoirs. Des plantations d'arbres au feuillage touffu ombragent agréablement les grandes avenues. Et c'est une chose curieuse que cette population bariolée, faite d'Européens, de Chinois, d'Annamites et d'étrangers venus de tous les pays du monde, circulant à travers les rues de cette ville d'Extrême-Orient, dont le caractère général révèle l'empreinte de la civilisation occidentale la plus récente.

Dans le port, on remarque des navires de toutes les nations. Il y a là surtout des bâtiments de commerce dont les inscriptions font connaître comme lieux d'origine : Marseille, Dunkerque, le Havre, Singapoor, Bombay, Haïphong, Hong-Kong, Canton, Shanghaï, Manille, Yokohama.

Sur ce point de l'Extrême-Orient, il semble que tous les peuples de l'univers se donnent rendez-vous.

M. Boniface Bollard me fait savoir qu'il descendra au Grand-Hôtel de Saïgon, en face le théâtre. Je n'ai pas de préférence, et naturellement je retiens une chambre dans le même hôtel afin de rester en la compagnie de notre savant, dont j'apprécie le caractère jovial et la profonde érudition.

La chambre qui m'est affectée est large, bien aérée, mais meublée d'une façon assez sommaire.

Le lit, composé d'un matelas de l'épaisseur d'un paillasson, est entouré d'un voile de gaze à pans rectangulaires : c'est la moustiquaire, enveloppe protectrice, gardienne bienfaisante du sommeil de tout humain se trouvant dans les régions intertropicales. Deux fauteuils en rotin, une commode dont les tiroirs ont depuis longtemps refusé de s'ouvrir et qui persistent dans leur résistance à tout effort, une salle de douche attenante à la chambre et servant de cabinet de toilette, voilà de quoi se compose le mobilier d'un Européen descendant dans un des premiers hôtels de Saïgon.

Détail à mentionner : il n'existe pas de cheminée dans les chambres, et cela s'explique. Dans toute l'étendue de la Cochinchine, il n'est jamais nécessaire de chauffer les appartements. Le thermomètre descend rarement au-dessous de 16° Centigrades. Pendant la saison normale, il oscille entre 20 et 30°, monte à 36 ou 37° en mai et juin, jours les plus chauds de l'année.

Après avoir procédé à une installation sommaire — mon séjour doit être de peu de durée, car mon désir est de monter dans quelques jours au Cambodge — je vais présenter mes devoirs à M. le gouverneur général de l'Indo-Chine, dont j'avais fait, quelques mois auparavant, la connaissance à Paris dans le cabinet de M. le ministre des Colonies.

M. D..., prévenu de la mission d'étude dont j'étais chargé par le Gouvernement, me retient à déjeuner et me donne d'excellents conseils sur la façon dont je dois diriger mon voyage.

Il m'engage à me rendre tout d'abord au Cambodge, puis à redescendre en Cochinchine; de là, je monterai en Annam et plus tard au Tonkin.

C'est ce programme que j'ai suivi, et, comme il se trouvait que cet itinéraire répondait à peu près à celui que s'était fixé M. Bollard, présent au déjeuner chez le gouverneur général, j'ai la satisfaction profonde d'apprendre que, pendant de longs mois, je vais avoir pour compagnon l'homme le plus gai de France et l'un des plus savants.

*
* *

C'est depuis trois jours, la fête du Têt, jour de l'an annamite.

Devant les habitations, des mâts sont élevés portant à leur sommet du bétel, de l'arec et de la chaux.

C'est l'offrande aux génies de l'air et aux ancêtres. Mon ami Bollard, qui sait tout, me donne les renseignements suivants :

La pagode de Govap.

Plusieurs systèmes religieux sont usités en Indo-Chine.

Il y a le bouddhisme, la doctrine de Confucius, le culte des ancêtres, le culte des génies et des esprits.

Les missions catholiques ont implanté le Christianisme dans ces régions, et actuellement la proportion des catholiques est de 1 habitant sur 28. Le Brahmanisme, très répandu dans l'Inde, devient de plus en plus rare en Cochinchine, bien que quelques bonzes venus des côtes du Coromandel s'efforcent de conserver des adeptes à la trinité hindoue.

En ajoutant quelques musulmans, sectateurs d'Ali, gendre de Mahomet, on a à peu près la nomenclature de toutes les variétés religieuses de l'Indo-Chine.

Cependant, dans le peuple annamite, les deux cultes pratiqués sont surtout celui des ancêtres et celui des génies.

En accrochant au sommet des mâts, la chique de bétel destinée aux génies et aux esprits, la naïveté populaire croit conjurer le mauvais sort.

Dans la pensée des indigènes, les esprits d'outre-tombe s'emparent de tout être qui vient au monde, et la lutte s'engage entre les bons et les mauvais esprits.

Le culte des ancêtres a pour but d'obtenir la protection des aïeux contre les méchants génies de l'air et d'ailleurs. Ce culte est la continuation naturelle de la morale pratiquée dans la vie par les Annamites. Ils ont le respect profond de la famille.

*
* *

En parcourant les rues de Saïgon, nous sommes accueillis un peu partout par des pétards tirés sur le bord des trottoirs et les détonations se succèdent d'une façon ininterrompue.

Chose curieuse, les rues sont à peu près désertes. Les

voitures ne circulent plus, les cochers annamites font relâche; la vie commerciale est suspendue, sauf pourtant dans les estaminets où se joue avec acharnement, un jeu de hasard appelé le *bacouan*, et qui n'est autorisé que pendant cette période de l'année.

Ce jeu est très simple, et quelques lignes de description le feront comprendre.

On inscrit sur une table quatre numéros (de 1 à 4); autour de cette table prennent place généralement des Chinois et des Annamites, quelquefois aussi des Européens.

Chacun des joueurs choisit un numéro et le couvre de la monnaie qu'il veut risquer. Toutefois le numéro quatre des cases reste vide. Il appartient au tenancier.

Le banquier (c'est toujours un Chinois ayant payé à l'établissement le droit de tenir le jeu) secoue devant tous un sac rempli de sapèques (petite monnaie en zinc, percée d'un trou au centre), puis plonge la main dans le sac et retire une poignée de ces rondelles de métal.

Il compte les sapèques sorties du sac par quatre, et quand il arrive aux dernières, il reste une, deux ou trois sapèques. C'est le nombre restant qui correspond au chiffre gagnant.

Lorsque le décompte par quatre ne laisse rien, le Chinois rafle la recette.

Dans les autres cas, la totalité des enjeux revient à la case correspondant au numéro gagnant.

En réalité, le tenancier a vingt-cinq chances sur cent de gagner sans rien risquer.

Ce n'est pas plus immoral que la roulette, et c'est sensiblement moins désavantageux, pour les joueurs, que le jeu des petits chevaux, où la proportion des chances du tenancier dépasse 60 0/0.

Nous quittons un des établissements où, pendant les trois jours que dure la fête du Têt, on jouera au bacouan sans interruption pendant soixante-douze heures, et nous parcourons la ville.

La plupart des maisons sont somptueusement décorées ; aux façades se balancent d'énormes lanternes en papier.

Dans l'intérieur des habitations, on brûle des parfums devant l'autel des ancêtres.

Nous avons pu, non sans peine, découvrir un malabar (voiture de place à quatre roues) conduit par un cocher annamite qui, en moins de deux heures, venait de perdre ses économies au bacouan.

Notre Annamite nous dit : « Moi vouloir aller à Cholon. Ici Chinois du bacouan tous filous ; là-bas, mieux. Venez, Cholon, verrez belle ville. »

Comme Cholon mérite d'être visitée, car c'est le grand marché et l'entrepôt de riz de toute la Cochinchine, nous acceptons volontiers l'offre de notre cocher, et à sept heures du soir nous étions sur la route reliant Saïgon à Cholon.

*
* *

Cholon, situé à 5 kilomètres de Saïgon, est, par le chiffre de sa population, une ville plus importante encore que le chef-lieu de la Cochinchine.

Il y a là 40.000 habitants parmi lesquels près de 20.000 Chinois. Le reste de la population est annamite.

On peut se faire, à Cholon, une idée très exacte de ce qu'est une ville chinoise.

Car tout y est chinois : maisons de commerce et d'habitation, coutumes et mœurs. A notre entrée en ville, nous constatons qu'on y célèbre le Têt avec autant d'entrain qu'à Saïgon. — Toutes les portes sont ouvertes et l'intérieur des maisons est brillamment éclairé. Les images bariolées sur les énormes lanternes sont toutes symboliques et expriment des souhaits. C'est ainsi que la plupart représentent une superposition d'arbustes émergeant chacun d'une ligne horizontale figurant la terre. Quatre ou cinq arbustes sont ainsi juxtaposés, et cela signifie quatre ou cinq générations sorties d'un même sol primitif. Traduction : celui qui a ce symbole à l'entrée de sa demeure exprime le désir de vivre très vieux et de voir se développer sous ses yeux quatre ou cinq générations.

Sur le pas des portes, les enfants font partir des pièces d'artifice, et c'est au milieu d'une effroyable pétarade et de gerbes de feu éclatant en fusées joyeuses que notre voiture avance au milieu des rues de Cholon. Nous nous faisons arrêter à la porte d'une fumerie d'opium.

Qu'on se figure une salle sombre, autour de laquelle s'étend une série de lits de camp, à 0^m,40 de terre.

Une douzaine de Chinois sont couchés dans des attitudes allongées ou recroquevillées. Auprès de chacun d'eux brûle une petite lampe remplie d'huile de noix de coco. C'est à la flamme de cette lampe qu'ils font chauffer, en la tournant à la pointe d'une aiguille de fer, la boule d'opium grosse comme une lentille, dont ils absorberont la fumée tout à l'heure, d'une seule aspiration, quand l'opium sera en ébullition. Une pipe d'opium se fume en deux secondes. Les grands fumeurs se préparent ainsi jusqu'à cent pipes dans une soirée.

Nous observons les clients de la fumerie. Ils ont l'air d'être plongés dans une extrême béatitude, et c'est en fermant les yeux qu'ils aspirent longuement la fumée d'opium.

Nous demandons au gérant de la fumerie de nous préparer une pipe. Notre Chinois nous refuse en souriant. Il paraît que ce genre d'exercice est interdit aux Européens par un règlement s'appliquant aux fumeries publiques.

En sortant de cet antre, nous reprenons notre promenade

à travers la ville, et le spectacle se continue, uniforme, sans la moindre variété, d'une rue à l'autre.

Partout, le jeu de bacouan, partout des feux d'artifice, et cela durera jusqu'au matin, à ce qu'on nous dit.

Cette fête du Têt est la plus importante de l'année, et le Chinois le plus pauvre tient à la célébrer.

Nous regagnons le Grand-Hôtel de Saïgon, où, malgré la moustiquaire, nous sommes consciencieusement dévorés par quelques bestioles ayant su se glisser subtilement à travers les rideaux de tulle entourant notre lit de la base au sommet.

Le lendemain, en compagnie du Dr Blin, médecin des colonies, nous prenons le train pour Govap, à une demi-heure environ de Saïgon. On nous avait signalé à cet endroit la pagode des présages, pagode essentiellement chinoise et se recommandant de Confucius.

Les bonzes nous accueillent d'une façon hospitalière, et nous admirons l'ornementation de cette pagode où ne se trouve aucune représentation de la figure humaine. Au pied de l'autel, disposés dans des soucoupes, tous les condiments des menus Chinois sont alignés en l'honneur des ancêtres disparus, qui en peuvent, nous dit-on, aspirer les aromes.

On nous offre un livre rédigé en chinois. Nous l'acceptons volontiers, comptant sur un ami pour nous en donner le sens, car le chinois nous est aussi inconnu que la langue annamite.

A peine sortons-nous de la pagode que le gong résonne et que des feux brillent dans le fond du temple. Il paraît qu'on procède à la purification du sanctuaire, la présence seule d'un hérétique rendant cette opération indispensable.

Nous ne pouvons nous empêcher de reconnaître la parfaite politesse de ces bonzes si accueillants aux profanes, dont la présence en cette pagode suffit à troubler les mânes des ancêtres endormis des sommeils éternels.

En sortant de la pagode de Govap, nous entrons dans quelques boutiques chinoises. Dans l'une d'elles on nous offre un remède contre la migraine, de la bière fabriquée à Saïgon, des cigarettes et des parfums.

La bière étant exécrable, nous demandons à goûter le lait d'une noix de coco, grosse comme un melon et qu'un boy du marché vient d'apporter.

L'expérience faite à Colombo ne nous avait pas suffi.

Notre Chinois, qui parle un peu le français, acquiesce à notre désir et fait ouvrir la noix à coups de hache, puis il nous en verse le contenu (de la valeur d'un demi-litre environ) dans une calebasse.

Nous goûtons. C'est tiède, fade, un peu sucré, et plutôt désagréable. Ce genre de liquide a peu de chance d'avoir notre clientèle.

Pour remercier le Chinois, nous lui achetons un almanach rédigé en langue mandarine, un jeu de cartes et la manière de s'en servir.

Toutes ces chinoiseries nous coûtent 20 cens, soit 0 fr. 50 environ de notre monnaie française.

Nous reprenons le train pour Saïgon. Sur tout le trajet, nous admirons la superbe végétation qui se déroule sous nos yeux.

Partout des goyaviers, des bananiers, des palmiers chargés de fruits, des aréquiers, dont les noix se balancent sous le souffle léger de la brise. On sait que la noix d'arec est la base de la chique de bétel que mâche toute femme annamite qui se respecte.

La chique se compose d'un morceau de noix d'arec et d'un peu de chaux teintée en rouge, le tout roulé dans une feuille de bétel. La salivation produite par cette combinaison chimique est rougeâtre. Les femmes annamites mâchent constamment le bétel, et leurs dents revêtent peu à peu une belle couleur noire, un des caractères de la beauté de la dentition en Indo-Chine.

A ce sujet, on nous raconte une amusante histoire.

Récemment, un chirurgien dentiste de Saïgon exposait à sa porte un magnifique râtelier d'un noir d'encre.

Bon nombre d'Annamites s'arrêtaient extasiés devant ce joyau, se demandant à qui pouvaient appartenir ces superbes dents noircies à l'encre de Chine, cirées, vernies et brillantes comme du jais.

Il paraît que le râtelier avait été commandé par S. M. Norodom, roi du Cambodge, qui s'était fait extraire les deux tronçons de chicot démeublant sa bouche royale pour s'orner de trente-deux dents aux reflets d'ébène.

Sur le Mékong.

CHAPITRE VIII

DÉPART POUR LE CAMBODGE. — LES ANNAMITES DU BORD. — UNE NOUVELLE VENUE DE FRANCE. — LE « GELIDIUM SPINIFORME ». — A PNOM-PENH. — LA PAGODE DE LA REINE-MÈRE. — UNE AUDIENCE DU ROI NORODOM.

De Saïgon à Pnom-Penh, capitale du Cambodge, les paquebots du fleuve mettent environ trente-six heures.

Nous prenons place sur *le Mékong*, bateau à vapeur de la Compagnie des Messageries fluviales, faisant le service entre Saïgon et le Bas-Laos.

En dehors des officiers du bord, nous sommes trois Européens, M. Boniface Bollard, M. Gaston Donnet et moi. Une cinquantaine d'Annamites s'entassent sur l'arrière. Nous assistons à leur repas, et, pour qui n'en a pas l'habitude, le spectacle est original.

Ils mangent accroupis, tenant d'une main un bol rempli de riz. Ils se servent, comme les Chinois, de baguettes en bois, en guise de fourchettes. A l'aide de leurs bâtonnets, ils prennent délicatement dans une petite soucoupe placée devant eux un condiment quelconque qu'ils déposent sur leur riz, puis, le bol sous le menton, ils se poussent le tout dans la bouche, d'un geste dont il serait difficile de vanter l'élégance.

L'Annamite ne consomme de viande que très rarement. Tous ceux que nous avons rencontrés pendant notre séjour dans ces contrées se nourrissaient exclusivement de riz bouilli, de poisson séché au soleil, et quelquefois de légumes.

L'Annamite au service d'un Européen (boy ou coolie, c'est-à-dire domestique ou porteur de fardeaux), ne dépense guère plus de deux sous par jour pour sa nourriture, ce qui ne l'empêche pas d'être robuste et de faire preuve parfois d'une endurance dont les européens donnent peu d'exemples.

*
* *

Le paquebot s'arrête à Vinh-Long, à 120 kilomètres de Saïgon.

C'est un point d'escale, où tous les bateaux, montant ou redescendant du Cambodge, s'arrêtent.

Avec la curiosité d'un Européen, sevré depuis quelques temps déjà des nouvelles de la mère-patrie, je demande en débarquant si, à la poste, un télégramme de renseignements est affiché, selon la coutume.

Quelqu'un me dit avec tranquillité :

— Oui, je crois même que la dépêche du jour annonce la mort du Président de la République.

Surpris du ton dégagé avec lequel on m'apprend cette émouvante nouvelle, j'interroge de nouveau.

LA GRANDE PYRAMIDE A PNOM-PENH.

Le renseignement m'est confirmé. On en parle depuis le matin dans la colonne européenne, mais la population indigène reste indifférente.

Cela s'explique.

Dans ces régions lointaines, la politique arrive comme un écho affaibli de choses déjà anciennes. Le télégraphe ne se livre jamais à aucun commentaire. Il énonce en style nègre le fait brutal. On affiche de bureau en bureau la nouvelle sensationnelle dans sa forme concise, et, comme on ne prend pas la peine d'en faire une traduction en langue annamite, il en résulte que les deux ou trois douzaines d'Européens habitant la ville ou ses environs sont seuls renseignés.

Je quitte Vinh-Long avec une émotion que peu de gens partagent, même parmi les passagers du *Mékong*.

M. Boniface, esprit philosophique, me dit :

— Le chef de l'État vient de mourir, et la vie continue paisible, tranquille, uniforme. C'est un brave homme de moins, mais ce n'est que cela, et si mon souvenir ému va vers lui, il n'en est pas moins vrai que mon cerveau ne se trouve pas obscurci par ce phénomène de la mort, dont nous fournirons nous-mêmes, un jour ou l'autre, un échantillon.

Croyez-moi, ajouta M. Bollard, la mort est peut-être un des grands biens de notre planète. Et à ce sujet, laissez-moi vous rappeler le dogme bouddhique. Ce dogme est basé sur le principe : Que toute existence est une souffrance. Bouddha a peut-être raison. Il a pour objectif l'entrée dans le *Nirvana*, c'est-à-dire dans le néant, et, pour lui, la fin de la vie est aussi la fin de la douleur. Cette théorie n'est pas consolante, et je préfère celle du christianisme, qui nous laisse espérer des jours meilleurs.

Néanmoins, continua-t-il, si Bouddha a tort comme conclusion, le point de départ de son exposé me paraît raisonnable.

J'admets avec lui que la vie est une souffrance, toutefois, comme la souffrance n'est pas perpétuelle, et que, par instant, la vie est bonne, je lâche Bouddha et vive le Christ !

* * *

Le paquebot continue sa marche vers Pnom-Penh, non sans quelques échouages, le niveau des eaux étant très bas.

Sur le Mékong, un bateau dont la quille touche le fond du fleuve est, à une certaine époque de l'année, un événement quotidien, et les commandants des paquebots de la Compagnie des Messageries fluviales ne s'en mettent guère en peine.

Ils connaissent, pour l'avoir pratiquée, la manœuvre du dégagement, leur navire étant à faible eau, et c'est généralement l'affaire d'une demi-heure pour remettre le bateau dans la bonne direction.

Lorsqu'on redoute des accrocs de ce genre, on place généralement un marin à l'avant, qui, armé d'une longue perche plongeante, indique l'étiage de minute en minute.

Nous rencontrons sur notre route de nombreuses jonques chinoises et quelques chaloupes à vapeur montées par des Chinois, mais battant pavillon français.

La circulation à cette époque-ci de l'année (nous sommes en mars) est beaucoup moins active qu'à l'époque des hautes eaux, correspondant à la période de juillet à décembre.

En ce moment, un courant très rapide descend des grands lacs.

Ces lacs, au moment des hautes eaux, inondent tous les terrains qui les bordent, déposant partout un limon fécondant. Ce sont ces inondations qui rendent si fertiles les terres au travers desquelles circule le Mékong.

LES BONZES DE LA GRANDE PAGODE.

Sur un large espace, des plantes aquatiques se dressent loin des rives.

Pendant un arrêt d'une heure, M. Boniface Bollard fait une cueillette de plantes diverses.

Il a fait une provision de lotus et de lentilles de marais. Une algue qu'il prétend être usitée dans la préparation des gelées parfumées fait surtout son bonheur.

Il appelle cela le *gelidium spiniforme*.

— A votre santé! répond le chef mécanicien, qui vient d'entendre le mot sans avoir bien compris ce qu'il désigne.

Alors M. Bollard, se tournant vers le mécanicien, lui dit, avec une gravité de savant interrogeant un collègue de l'Institut :

— Parmi les myriapodes dont on trouve quelques échantillons dans le Mékong, n'avez-vous point rencontré l'*Anguillula stercoralis*, dont les effets produisent des perturbations d'intestins ?

— J'ai mangé quelquefois des anguilles, répond l'autre, mais je ne savais pas qu'elles s'appelaient Coralis. Quant à ce qui est des perturbations... je n'ai pas connaissance.

M. Boniface ne juge pas à propos d'insister.

**

A droite et à gauche, la végétation tropicale se déroule en un décor féerique. Les palétuviers s'élèvent de partout, les tamariniers, les palmiers et les pins poussent au hasard, faisant un cadre de verdure à la nappe du fleuve. De temps en temps, une apparition de pagode émerge au centre d'un feuillage de banians.

Nous apercevons, le long des berges, des villages indigènes aux maisons construites en paille, en roseau et en fûts d'aréquiers. Les toitures sont faites de feuilles de palmier.

Toutes ces maisons, même celles installées sur le flanc des collines, sont bâties sur pilotis, le Mékong ayant des crues assez fortes pour produire des différences de niveau de 15 mètres en moins de trois semaines.

Peu à peu, le soleil descend sur l'horizon.

A sept heures, la nuit est déjà profonde, et il faut renoncer à voir le paysage, même au clair de lune, car le ciel est voilé de brume.

* * *

Neuf heures du matin, des coups de sifflets aigus, des commandements rapides, une trépidation, et nous voilà amarrés au quai de débarquement de Pnom-Penh, résidence royale de S. M. Norodom, monarque du Cambodge.

* * *

A Pnom-Penh, il y a trois choses curieuses à voir, le *Pnom*, le *Palais du Roi* avec ses dépendances, et le roi lui-même, d'aspect magistral.

Le *Pnom* est un monument conique situé en haut d'une colline, mausolée élevé, dit la légende, par une femme de mandarin désireuse de racheter les crimes de son époux, en dépensant l'argent mal acquis par ce dernier.

On accède au monument principal par un escalier en pierre, de grande allure. Une pagode élevée en l'honneur de Bouddha se dresse à côté ; un jardin zoologique contenant quelques animaux spéciaux à la contrée (tigres, panthères, singes, serpents boas et cobras) entoure le « pnom », qui domine tout le pays.

Le palais du roi Norodom à Pnom-Penh.

La deuxième chose est le palais, comprenant dans sa vaste enceinte : l'habitation du roi, la pagode où reposent les restes de la reine-mère, morte en 1895 ; la nouvelle pagode au parquet d'argent que Norodom fait élever à sa propre mémoire ; la salle de danses cambodgiennes ; le palais de fer et l'éléphant sacré.

Le Palais du Roi se compose d'une série d'habitations entourées d'un mur crénelé. Les traces trop visibles des efforts d'architectes européens ayant modifié le style primitif de ce palais lui enlèvent tout caractère pittoresque.

La résidence royale ressemble à une belle maison bourgeoise d'Auteuil ou de Passy.

Beaucoup plus curieuse est la pagode où sont renfermés les restes de la reine-mère.

Là, sous un dais constellé de fleurs d'or au dessin bizarre, s'élève sur un autel placé à 5 mètres de terre une urne en or massif de proportions gigantesques!

Dans cette urne se trouve le corps très recroquevillé de Sa Majesté la reine-mère. Pour la faire tenir en entier dans cette urne, on a dû, paraît-il, briser quelques os du cadavre, le périoste faisant charnière et se prêtant à un pliage complet des membres inférieurs.

On a même dû peser fortement sur les épaules de la défunte pour la faire entrer complètement dans l'urne pleine d'alcool où elle mijote depuis plusieurs années.

Une large ceinture de soie blanche entoure les reins de la reine-mère et se déroule, en dehors de l'urne, en long ruban venant appuyer son extrémité sur un coussin placé à 20 centimètres du sol.

Quand le roi vient prier, il appuie sur son front le bout de ce ruban et se met ainsi en contact avec le corps de sa mère. La croyance populaire veut que Norodom reçoive constamment les conseils de la reine défunte, et tout ce qu'il fait est, aux yeux du peuple, inspiré par la reine.

Cette légende disparaîtra bientôt, car on construit, en ce moment, à côté du Palais, une pagode en paille et en planches, dans laquelle le corps de la reine-mère doit être brûlé (l'incinération a eu lieu il y a quelques mois).

Nous quittons la pagode accompagné jusqu'au seuil par le mandarin qui en a la garde, et salué par les bonzes, groupés autour de l'autel.

Un fait à remarquer est l'extrême politesse des Cambodgiens. Ce peuple est affable, hospitalier, bienveillant et se prête volontiers à la curiosité des étrangers. Nous en avons fait maintes fois l'expérience au cours de notre rapide voyage.

* * *

Non loin de la pagode, dans un coin abandonné où l'herbe folle pousse entre les pavés, loin des regards des passants qui suivent la route sans jamais se détourner, se trouve une statue équestre du roi Norodom.

Le monarque cambodgien est revêtu d'un brillant costume de général français, et on ne s'explique guère, à première vue, cette anomalie voisine de l'anachronisme.

Norodom caracolant en général de division? Quelle est cette fantaisie?

L'explication tient en deux mots :

On a vendu au naïf souverain une ancienne statue de Napoléon III, sorte de rossignol de musée, déposé jadis au fond d'un grenier de ville de province.

On a décapité Napoléon, et un sculpteur habile a remplacé la tête absente par celle de Norodom.

Transformation d'une admirable simplicité, mais que toutefois les Cambodgiens admirent peu pour leur part.

*
* *

Une visite à la pagode neuve, en construction, une présentation au Pape des bonzes, petit vieux, d'accueil cordial, à l'œil vif, bridé par un sourire perpétuel, et nous allons présenter nos hommages à l'Éléphant sacré, objet de la vénération des Cambodgiens.

L'Éléphant est logé dans une vaste habitation en planche; au centre se dressent deux fortes colonnes peintes en rouge contre lesquelles il s'appuie.

Le cornac vient au-devant de nous et nous salue, la main tendue. Notre guide — un Français résidant depuis plusieurs années au Cambodge — nous engage à donner quelques sous au gardien de l'Éléphant blanc. Cette légère somme nous procure le plaisir de voir le mastodonte manger sous nos yeux un régime de bananes qu'on lui sert sur un plat d'argent.

C'est nous qui lui offrons ce lunch peu ruineux. Quand l'Éléphant a terminé le nettoyage consciencieux de son plat de bananes, il plie les genoux, baisse la tête et ramène sa trompe en arrière. C'est sa manière de nous remercier.

Cette bonne bête sort en promenade une fois par semaine, escortée de soldats composant sa garde d'honneur.

On la conduit au bain en grande pompe, et les Cambodgiens ont pour elle un respect presque égal à celui qu'ils éprouvent pour leur roi.

Nous avions fait demander par M. le résident supérieur une audience au roi Norodom.

On nous avertit que Sa Majesté nous recevra à cinq heures et demie.

A l'heure indiquée, nous nous rendons au pavillon royal. L'interprète nous introduit aussitôt sans même nous imposer l'attente que le moindre sous-chef de bureau de ministère croit de sa dignité d'infliger à ceux qui viennent le voir.

Le roi Norodom se lève et nous tend la main en nous invitant, dans un français rappelant le langage « petit nègre », à nous asseoir.

Nous lui présentons nos hommages, et nos paroles sont aussitôt traduites par son interprète, qui nous répète en excellent français ce que Sa Majesté veut bien nous dire.

Le monarque du Cambodge est un petit vieillard, très ridé, l'œil bienveillant, le geste affable.

Il nous offre des cigares de dimensions énormes et, pour nous donner du feu, frotte une allumette sur le revers d'un boîtier en or d'un travail exquis.

Il nous apprend qu'il a l'intention de venir prochainement à Paris. Il se rendra dans la capitale à bord d'un yacht qui lui appartient et sur lequel il compte faire toute la traversée.

(On sait que le roi a changé d'avis un peu plus tard et qu'il nous a envoyé son fils, le prince Yu-Kanthor).

Pendant que Norodom nous parle, nous observons ses gestes et nous détaillons son costume.

Il a revêtu le sampot siamois en soie noire, sorte de culotte laissant les mollets nus. Le roi, néanmoins, a des bas. Il est vêtu d'un costume de soie blanche sur lequel se déroulent les deux rangs d'une lourde chaîne d'or.

Sa bouche, quand il sourit, montre un râtelier d'un noir admirable.

On nous avait dit qu'il était malade et d'un aspect débile laissant entrevoir une fin prochaine.

Il ne nous a nullement donné cette impression, et nous ne serions pas surpris qu'il continue pendant vingt ans encore (il en a soixante-trois), à recevoir les 1.500.000 francs de liste civile que la France lui alloue.

Après une demi-heure d'entretien, nous prenons congé du roi, qui nous souhaite un bon voyage.

Il nous dit les mots « adieu » et « bon voyage » sans utiliser son interprète.

Il est probable que cela doit lui arriver quelquefois, aussi a-t-il appris par cœur la formule des congés.

En sortant de chez le roi, nous rentrons à l'hôtel, car ce soir, après dîner, nous devons assister à une représentation au théâtre chinois.

Demain matin, nous nous embarquerons sur la grande branche du fleuve pour monter à Kratié après un arrêt de vingt-quatre heures en cours de route à Kompong-Cham, où se trouvent les admirables ruines de Wath-Nokor, mentionnées dans les anciens ouvrages sous le nom de Pnom Bachey Ba-Ar.

L'ÉLÉPHANT ROYAL.

Intérieur du palais de Norodom.

CHAPITRE IX

Au théâtre chinois de Pnom-Penh. — Les ministres du roi. — Une anecdote. — Arrivée a Kompong-Cham. — Les ruines de Wath-Nokor. — Histoires variées sur les serpents du Cambodge.

La ville de Pnom-Penh, très pittoresque dans son ensemble, offre le soir, au voyageur, une distraction peu banale pour un Européen. C'est le théâtre chinois.

La salle ressemble à un vaste hangar couvert en paille et aménagé pour une salle de spectacle. Il y a des rangées de chaises en bois, au rez-de-chaussée. Une galerie supérieure fait le tour de la salle. C'est là où se trouvent les « fauteuils de balcon » représentés par des bancs dont chaque rangée est séparée par une balustrade en bois. On ne s'expliquerait pas, à première vue, la nécessité de cette balustrade si le public ne prenait soin, par son attitude, de vous faire comprendre immédiatement l'utilité de cette rampe.

C'est sur elle que les spectateurs mettent leurs pieds;

aussi, vue d'en bas, la première galerie présente le spectacle singulier d'une rangée de pieds sales appuyés en éventail sur le rebord du balcon.

Au rez-de-chaussée, les attitudes sont les mêmes. Les dossiers des sièges servent de reposoirs aux pieds des spectateurs du rang en arrière.

Et entre chaque paire de pieds se dresse une lanterne éteinte que le spectateur devra allumer à la sortie, car il est interdit aux indigènes de circuler sans une lanterne allumée après le coucher du soleil.

Comme nous sommes en compagnie des autorités locales, on nous fait prendre place dans « l'avant-scène de gauche », c'est-à-dire sur une partie réservée de l'estrade des premières galeries.

De là, nous voyons la salle et la scène.

Cette dernière est éclairée par des quinquets fumeux dans lesquels brûle de l'huile de coco. Ces quinquets sont suspendus à une certaine hauteur, à l'avant de la scène. De temps en temps, des oiseaux viennent, en criant, tourbillonner autour des *lustres*. Ce sont des chauves-souris qui ont leur domicile dans la maison. Les acteurs et le public ne semblent d'ailleurs nullement s'en préoccuper.

L'orchestre (et quel orchestre !) est placé sur la scène, un peu en arrière des acteurs. Il n'y a pas de décors, chaque artiste prenant soin d'expliquer en chinois l'endroit où il se trouve et pourquoi il y est.

Nous assistons au premier acte d'un grand drame historique. Chaque personnage vient raconter sa petite histoire devant un tribunal composé de trois mandarins. Le personnel du tribunal change toutes les dix minutes, suivant que l'acteur parle devant les mandarins du bon roi ou devant ceux du mauvais roi.

Ce dernier est représenté par un homme à « la face

blanche » et porteur d'une longue barbe qui lui sort de la bouche et paraît prendre naissance sur la gencive inférieure.

C'est le barbare occidental.

Chaque geste, chaque phrase de l'acteur est appuyée d'un coup de gong formidable et d'un bruit assourdissant de tamtam.

Les cuivres font un vacarme effroyable. Il y a cinq musiciens à l'orchestre, et ils font, à eux cinq, du bruit comme cinquante.

Nous nous arrachons à cette casserolerie sans avoir compris un seul mot de cette pièce, naturellement. Elle semblait toutefois intéresser vivement les spectateurs, dont la plupart, tout en suivant de l'œil et de l'oreille les péripéties de l'action, s'épluchaient les doigts de pieds avec une conscience... vaporisante et odoriférante.

En sortant du théâtre chinois, nous rencontrons un mandarin qu'on nous dit être le ministre des transports par terre de Sa Majesté le roi Norodom.

Ce monarque a quatre ministres :

Le premier est le ministre d'État; le deuxième, le ministre des transports par mer ; le troisième, le ministre des transports par terre ; le quatrième est le ministre de la justice et des enchères.

Les quatre ministres sont appelés : les quatre colonnes du royaume.

Le conseil des quatre colonnes est présidé par notre résident supérieur, qui donne ainsi ses avis et les fait adopter, laissant aux ministres le soin de faire croire aux populations que ce sont les avis des conseillers du roi et du roi lui-même qui seuls sont transmis au peuple.

Un détail amusant à propos des ministres du roi Norodom :

Il y a quelque temps, le résident supérieur du Cambodge,

qui était alors M. de Verneville, s'adonnait avec frénésie à la bicyclette.

Il pédalait volontiers dans les larges rues non pavées, mais assez bien entretenues de Pnom-Penh.

Quand il se rendait au Conseil des ministres, il enfourchait sa bécane et la confiait, à la porte du palais, aux soldats indigènes de garde.

Les ministres du roi qui ont en eux les étoffes des courtisans du grand règne (nous parlons de Louis XIV) crurent utile d'apprendre à monter à bicyclette et, un matin M. de Verneville ne fut pas peu surpris, en sortant de la résidence, d'apercevoir, pédalant derrière lui, les quatre colonnes du royaume.

Il félicita les ministres, et ces derniers, très fidèlement, l'escortèrent ainsi chaque fois que se réunit le Conseil suprême.

Or il arriva un jour que M. de Verneville, butant contre une pierre du chemin, alla s'asseoir à bâbord de la route pendant que son vélo s'en allait, les roues en l'air, s'échouer à tribord.

Immédiatement, les quatre ministres suivirent le mouvement, et chacun d'eux s'offrit une « pelle » de première grandeur.

Leurs Excellences se ramassèrent et vinrent, en se frictionnant, prendre des nouvelles du résident supérieur, dont une des faces semblait sérieusement endommagée.

Le nouveau résident supérieur ne pratiquant pas le sport cycliste, les colonnes du Royaume abandonnèrent le vélo. Toutefois, on nous assure que le ministre des enchères fait en ce moment construire une automobile additionnée d'un gong destiné à remplacer la bruyante trompe en usage chez les Occidentaux.

Un marché a Pnom-Penh.

⁂

Dix heures de navigation sur le Mékong, au nord de Pnom-Penh, et nous voici à Kompong-Cham (on prononce Kompong-Tiam), résidence fort importante par son etendue de territoire, sa population et le chiffre relativement considérable de piastres apportées par les habitants au budget de l'Indo-Chine.

Kompong-Cham, qui figure encore sur certaines cartes sous le nom de Pnom-Bachey, est l'escale du fleuve où s'arrêtent les rares archéologues venant étudier les ruines de l'ancien temple de Wath-Nokor.

Ce temple est une des curiosités du Cambodge, après toutefois les fameuses ruines d'Angkor, situées au nord des grands lacs et que nous verrons plus tard, si la baisse des eaux du Mékong permet aux chaloupes de monter si haut.

Quant à y aller à dos d'éléphant, c'est un voyage de 18 à 20 jours aller et retour.

Nous devons nous contenter, pour l'instant, de visiter Wath-Nokor, dont les ruines sont à 4 kilomètres environ du fleuve.

Nous débarquons à Kompong-Cham à neuf heures du soir.

Naturellement, il n'y a ni hôtels, ni auberges dans le pays, et c'est le résident, M. Lorin, qui nous offre l'hospitalité dans sa maison bâtie sur pilotis.

Le matin, à sept heures, pour éviter les grandes chaleurs, nous nous engageons sous bois pour nous rendre à l'ancien temple bouddhique.

Dans les arbres, à côté de nous et au-dessus de nous, des singes gambadent, nullement surpris de notre présence.

Il paraît qu'il y a dans la broussaille quelques serpents de choix, des cobras entre autres et aussi quelques tigres, mais c'est surtout la nuit que ces derniers se montrent. Quant aux autres, il s'agit de ne pas leur marcher sur la queue, et on n'en risque rien, car ils ne s'attaquent pas à l'homme.

Nous suivons une route en voie de formation; des Cambodgiens y travaillent sous la direction d'un agent voyer indigène, qui reçoit, comme chef des travaux, trois piastres par semaine, soit 7 fr. 50.

En France, on les paye généralement plus cher. Il est vrai que nos chemins sont moins raboteux que ceux de la forêt de Nokor, où la charrette à bœufs et le cheval ont seuls la possibilité de véhiculer ceux qui ne veulent point se rendre pédestrement aux ruines.

Pendant notre excursion en forêt, M. Boniface, très attentif à la végétation de cette région, s'arrête parfois pour examiner les mousses, les fougères et les troncs d'arbres.

Il nous indique en passant l'arbre rare qui donne le bois de fer sur lequel se font les incrustations de nacre.

C'est le *dalbergia*. Il produit le bois le plus dur et le plus dense de tous ceux de l'Extrême-Orient, faisant à ce point de vue concurrence au *kurrimia*, employé dans la confection des cylindres servant à broyer la canne à sucre.

M. Bollard nous explique que les forêts du Cambodge renferment plus de cinq cents espèces, parmi lesquelles une cinquantaine d'arbrisseaux.

Il nous montre les bois odorants et nous fait une description minutieuse de certains arbres guttifères, dont il a détaché des excroissances résineuses.

Le boy qui nous suit comprend le français. Il écoute bouche bée les explications du savant, et quand ce dernier, rencontrant un arbre flexible et résistant, nous dit que ce genre de bois est très recherché pour la fabrication des avirons, l'indigène stupéfait ne peut s'empêcher de demander :

— Tu habites le pays, toi, Monsieur ?

— J'y viens pour la première fois de ma vie, mon ami, répond M. Boniface.

Alors le boy ne comprend plus du tout, et à sa façon de regarder le savant, on a l'impression qu'il le prend pour quelque sorcier inspiré par des esprits d'outre-tombe.

*
* *

Après quarante minutes de marche en forêt, nous apercevons, à l'extrémité d'un sentier, la porte principale de la ruine de Wath-Nokor.

Nous pénétrons dans l'intérieur de cette ancienne forteresse, qui comprend plusieurs pagodes et présente, par sa muraille d'enceinte, l'aspect de quelque vieux château fort abandonné depuis des siècles.

Ce qui reste des splendeurs de ce temple donne une idée de l'architecture asiatique au VIIIe siècle.

C'est d'abord une pagode principale, dans laquelle on accède par quatre portes s'ouvrant respectivement dans la direction des quatre points cardinaux. Chaque porte est l'objet de sculptures très originales, mais d'une conception un peu simpliste. Ce sont des galopades de guerriers conduisant leurs troupes au combat, des tronçons de colonne, des fleurs de lotus, des Bouddahs dans toutes les postures, des dragons à la gueule ouverte. Et tout cela fouillé comme de la dentelle de pierre, mais sans l'ombre d'une perspective. Tout se trouve sur le même plan.

Détail à remarquer, la même figure est rarement sculptée sur une seule pierre. Elle est faite de morceaux rapportés, juxtaposés et joints les uns aux autres, sans qu'aucune des pierres porte trace de ciment. Du reste, à cette époque, on se contentait de construire en entassant des pierres, sans les unir par un mortier quelconque.

Au centre de la grande pagode se trouve le tombeau d'un bonze, enterré là il y a plusieurs siècles. A chaque fenêtre, un Bouddha gigantesque, à la dorure un peu effacée, se montre, semblant garder les ouvertures du temple sacré.

C'est grandiose comme aspect, très intéressant comme détail, mais ce qui rend cette visite un peu pénible, c'est le tourbillonnement au plafond de la pagode de milliers de chauves-souris qui poussent des cris aigus et laissent choir, des hauteurs du temple, un guano nauséabond sous lequel disparaissent les dalles de la salle.

En sortant du temple principal, on erre à travers les ruines d'autres monuments aux murailles calcinées, indiquant la trace d'un incendie remontant à une époque fort ancienne.

Tout indique que Wath-Nokor fut jadis un lieu de vénération très fréquenté par les adeptes de Bouddha.

En opérant des fouilles, on trouverait très probablement des choses intéressantes rappelant une époque lointaine et une civilisation disparue.

En quittant le vieux temple bouddhique pour regagner la résidence, nous rencontrons un indigène qui, après une série de démonstrations respectueuses, s'approche du résident et lui fait connaître qu'il est marié depuis la veille.

M. Lorin nous explique que cet annamite a été longtemps attaché à son service.

Je questionne le résident sur la façon dont se fait un mariage au Cambodge, et voici les explications qu'il me donne.

La cérémonie du mariage est généralement précédée de diverses autres cérémonies dont voici le détail :

Pendant la première période, celle du choix d'une fian-

Un paquebot sur le Mékong (Compagnie des Messageries fluviales).

cée, l'indigène flane, bavarde avec celle dont il a l'intention de faire sa femme plus tard, mais il ne prend aucun engagement.

Quand il est décidé, il fait sa demande officielle aux parents de la jeune fille, et, après l'acceptation, il mâche avec elle le bétel.

— On pourrait appeler cela la chique des fiançailles, dit l'un de nous.

— C'est absolument exact, répond le résident.

Et il continue :

La quatrième phase est celle de la fixation de la date du mariage; cela s'appelle le *chiu-loi*, ce qui signifie : recevoir parole.

A partir de ce moment, le gendre futur vient habiter chez le père de sa fiancée et s'occupe avec lui des affaires de la maison, en attendant le jour de la consécration finale.

L'indigène qui vient de m'apprendre son mariage avait laissé s'écouler, à la suite d'un deuil, trois années entre la deuxième et la troisième phase précédant son mariage.

— Trois années!... comment! le deuil d'un parent se porte si longtemps?

— Souvent beaucoup plus longtemps encore. On a vu des mariages retardés pendant cinq ou six ans à la suite de la mort d'un chef de famille. Néanmoins la durée moyenne du deuil est de trois années pour la perte d'un père, d'une mère ou d'une nourrice. Il est interdit pendant ce laps de temps d'assister à des banquets ou à des repas somptueux, sauf à l'époque des anniversaires.

— Le deuil se porte moins longtemps dans nos pays d'Europe, dit plaisamment M. Bollard, c'est ainsi que j'ai connu une dizaine de veuves inconsolables qui n'attendaient pas sans impatience l'expiration de la date légale leur permettant de prendre un nouvel époux.

— Les anciens disaient : « Quand, à la mort de son mari, une femme se coupe les cheveux, elle risque fort d'être coiffée à la Titus le jour où son second mari la conduit à l'autel. »

A ce moment, le résident s'arrête brusquement en nous criant :

— Halte !

Et d'un geste indicateur, il nous montre, suspendu à un arbre placé à dix mètres devant nous, un serpent dont nous voyons se dérouler les anneaux, la tête seule semblant tenir à la branche.

— C'est le serpent palmiste, nous dit le résident. Sa morsure est mortelle dans la plupart des cas. Cet ophidien se laisse tomber sur les chevaux ou sur les hommes passant au-dessous de lui et les mord au cou. Éloignons-nous de ce dangereux animal.

— Si nous l'abattions d'un coup de revolver, propose quelqu'un.

— Il faudrait être bien certain de le tuer sur le coup, car il pourrait être tenté d'exercer des représailles.

Nous nous décidons à laisser là le serpent palmiste et à faire un large crochet pour éviter son contact, mais à partir de ce moment nous marchons les yeux fixés sur le dôme de verdure que le feuillage étend au-dessus de nos têtes :

— Agréable contrée, murmure M. Boniface. On y marche comme dans un rêve, les yeux levés vers la voûte céleste.

— Il faut aussi regarder de temps en temps à ses pieds, objecte le résident, car si nous avons en haut le serpent palmiste, nous avons en bas le serpent minute, qui ne vaut pas mieux. Deux indigènes sont morts la semaine dernière des morsures de ce dernier ; nous sommes passés tout à l'heure à l'endroit même où arriva l'un de ces accidents.

— Continuez, lui dis-je, vous êtes un conteur charmant et surtout très rassurant. Vous avez de délicieuses histoires de serpents, mais je crois que nous les apprécierions beaucoup mieux autre part que dans cette forêt où résident les héros de vos contes.

— Oh ! reprit M. Lorin, ce que j'en dis n'est pas pour vous troubler. Du reste, je m'empresse d'ajouter que le serpent minute, très dangereux pour les indigènes qui vont pieds nus, est à peu près inoffensif pour des gens chaussés comme nous le sommes. Ce serpent est long comme un doigt, très mince, et sa gueule est si petite qu'il ne peut guère s'attaquer qu'à des cartilages. Ainsi, toutes les morsures constatées ont toujours été faites à l'intersection des doigts de pieds. Vous voyez qu'à ce point de vue vous risquez peu de chose.

— Très bien, et vous n'avez pas encore quelques autres animaux à nous présenter ?

— Comment donc !... il y a ici plusieurs variétés de vertébrés tout à fait intéressants ; ainsi nous avons le tigre royal, le chat sauvage, le...

— N'insistez pas... on se croirait chez Bidel.

— Avec toutes les cages ouvertes, dit quelqu'un.

— Si nous parlions d'autre chose. Nous sortons fort heureusement de votre agréable forêt, et, pour ma part, dis-je, je suis très content d'y être venu ; mais, si vous nous aviez raconté vos petites histoires avant le départ, nous aurions eu quelques inquiétudes.

— Dans cinq minutes nous serons à la résidence, et après déjeuner, pour varier les plaisirs, je me propose de vous faire assister à une séance de musique cambodgienne, exécutée par les premiers sujets de Kompong-Cham. Les mélodies que vous entendrez seront un peu monotones et peu faites pour charmer des oreilles européennes, néanmoins c'est un élément que vous pourrez ajouter à vos notes de voyage.

Nous remercions M. le résident de son excellente pensée. Un instant après, assis devant une table excellemment servie, nous nous partageons un délicieux gigot de cerf arrosé d'un vin nous apportant un souvenir du beau pays de Bourgogne, dont 20.000 kilomètres nous séparent.

Porte de Wath-Nokor.

Ruines de Wath-Nokor.

CHAPITRE X

LES CHARRETTES A BŒUFS. — LA PAGODE DE LA REINE-MÈRE. — LES TRENTE-DEUX BEAUTÉS DE BOUDDHA. — AUX TOMBEAUX DES ROIS KMERS. — ANGKOR-LA-GRANDE.

Depuis notre départ de France, nous avons fait connaissance avec les moyens de locomotion les plus divers.

Nous avons successivement utilisé les voitures à quatre roues, les malabars, les « pousse-pousse », les pirogues, les sampans, les jonques, etc...; nous ignorions la charrette à bœufs.

Ce genre de véhicule nous a été révélé sur la route de Kompong-Luang à Oudong, ancienne capitale du Cambodge, et nous avouons, en toute sincérité, que ce n'est pas encore ce système de voiture qui portera jamais un préjudice sérieux aux carrossiers des deux hémisphères.

En quittant Wath-Nokor, nous redescendions le Mékong en chaloupe à vapeur pour regagner Pnom-Penh, lorsque la chaloupe de M. Brisac, sous-directeur des *Messageries fluviales*, nous rencontra.

Il venait au-devant de nous dans l'intention de nous conduire aux montagnes d'Oudong pour y visiter les tombeaux des anciens rois Kmers.

Les deux bateaux se rangent bord à bord, nous enjambons les deux bastingages, et nous voilà repartis, non plus cette fois sur le Mékong proprement dit, mais sur le Ton-le-Sap, une des branches du fleuve conduisant au Grand Lac.

Cinq heures de navigation nous permettent d'atterrir à Kompong-Luang, sur la rive droite. Le chef du village, prévenu, vient au-devant de nous et nous présente, en langue cambodgienne, les véhicules devant nous transporter à la montagne d'Oudong.

Ce sont de courtes et basses charrettes; le fond de la *voiture* (?) est à peu près à cinquante centimètres au-dessus du sol.

Il s'agit simplement de s'asseoir, le dos tourné au bouvier conducteur, les jambes pendantes, à l'arrière de la charrette; deux bœufs entraînent cet attelage, au trot, à travers des chemins invraisemblables.

Ce sont les indigènes qui ont fait la route en y passant pendant des siècles. De temps en temps, la pluie déforme ces jolis chemins, et comme les bœufs tirent le véhicule à travers ronces et broussailles, on prend, par instant, des attitudes penchées tout à fait inquiétantes. Une des routes tourne à un mètre au-dessus de l'autre. L'essieu décrit avec l'horizontale des angles de 60°, et, cahin-caha, sautant à vingt centimètres en l'air à chaque tour, secoué comme des sacs, les pieds rabotés par les inégalités du terrain, on a la constante appréhension d'une culbute imminente dans une ornière ou dans un ravin.

C'est absolument spécial comme gymnastique mouvementée. Les indigènes prétendent que ce système de véhicule donne de l'appétit et facilite la digestion.

Il paraît que le paysage est très pittoresque, mais c'est seulement à l'arrivée qu'il est possible de s'en rendre compte.

Après sept kilomètres de cette marche peu triomphale, les bœufs s'arrêtent. Nous sommes sur la lisière des bois, et à notre droite se montre, à travers les banians, la porte d'une pagode.

Nous franchissons cette première entrée, et nous nous trouvons dans un grand parc à végétation touffue poussant au hasard et donnant l'impression d'un lieu abandonné.

Nous pénétrons dans la pagode longue de 20 mètres, large de 12. Un bonze est là, gardien de ce temple qui s'appelle dans le pays : la *Pagode de la Reine-Mère*.

Un immense Bouddha, accroupi sur le cobra symbolique, touche presque de la tête le plafond très élevé de la pagode. Autour de lui, se trouvent des offrandes, sortes d'*ex-voto* déposés là par des fidèles reconnaissants d'un service rendu ou d'un vœu réalisé.

La collection des offrandes est un ramassis de choses burlesques.

On voit, à côté et autour du Bouddha, des brûle-parfums en bronze ciselé, des bocaux de pharmacien teintés en rouge, en bleu ou en jaune, des chandeliers, un aquarium, une *boîte de cigares à musique*, des pipes, un accordéon, une guitare sans cordes, des vases à six sous la paire, des pantoufles, etc., et divers échantillons de produits hétéroclites donnant à l'autel de Bouddha l'aspect vague d'un déballage de bazar en liquidation.

Le long des murs, des panneaux en soie brochée et en papier colorié dissimulent la boiserie.

Ces panneaux représentent tous des phases du séjour d'un

officier de marine envoyé en ambassadeur au Cambodge, au siècle dernier, ou au commencement de celui-ci.

Chaque panneau le montre, doré sur toutes les coutures, s'inclinant devant la reine-mère ou défilant devant elle dans des attitudes de soumission absolue (ces images naïves flattent la vanité des indigènes).

Un détail comique : comme cet officier avait, paraît-il, un chien avec lui, le chien figure sur tous les panneaux. Il a l'air de faire partie de l'ambassade.

Le plafond de la pagode est noir de chauves-souris, et les parquets portent des traces apparentes du séjour en ce lieu de ces oiseaux désagréables.

Le bonze de la pagode se promène avec nous, s'arrêtant où nous nous arrêtons. Quand nous repassons devant le gigantesque Bouddha, il nous débite, en cambodgien, une longue histoire à laquelle M. Brisac seul comprend quelque chose, M. Boniface Bollard n'ayant pas encore eu le temps — ce qui paraît le désoler, — d'apprendre cet idiome.

Ce que nous dit le bonze est néanmoins très intéressant, et voici la traduction que nous en donne M. Brisac :

Le Bouddha de la pagode de la Reine-Mère représente fidèlement les traits et les signes caractéristiques de Çakiamouni.

Ce dernier possédait les 32 signes de la grande beauté et les 80 signes de la beauté parfaite.

— Peut-on connaître ces signes ? demande notre cicerone.

Le bonze, acquiesçant d'un geste, cite de mémoire les 32 signes de la grande beauté. En voici la série :

1° Les deux pieds semblables.
2° Un chakra sur la plante des pieds.
3° Les talons ronds comme une boule d'or.
4° Les doigts effilés.

Ruines d'Angkor-Wath.

5° Les paumes des mains et des pieds douces comme coton trempé dans l'huile.
6° Ces paumes sont ornées de lignes qui se croisent harmonieusement.
7° Le cou-de-pied haut.
8° Les jambes longues et rondes comme celles de l'antilope.
9° Les bras longs et droits.
10° La peau entière très douce.
11° Le corps pur de toute poussière.
12° Les cheveux doux au toucher.
13° Les moustaches, la barbe et les cheveux tournés vers la droite.
14° Le corps droit.
15° Les épaules et le dos charnus et ronds.
16° Le buste charnu.
17° L'entre-deux des épaules large.
18° La taille haute et belle.
19° Le cou rond comme un tambourin.
20° Les *sept mille* nerfs du goût qui aboutissent à la langue extrêmement sensibles.
21° La force du lion.
22° Les *quarante-deux* dents (Çakiamouni avait dix dents de plus que les autres hommes) d'égale grosseur.
23° Ces dents sont blanches comme la conque marine.
24° Sans interstices et rangées comme les brillants d'un collier.
25° Aussi brillantes que les étoiles.
26° La langue longue et effilée.
27° Les yeux bleus.
28° Brillants comme des saphirs.
29° Ronds.
30° Plantés au sommet de la tête.
31° Au sommet de la tête, se trouve une touffe de cheveux frisés tournant à droite plus fortement que les autres.
32° La bouche est large et les lèvres rouges.

M. Bollard, qui tient à donner au bonze une haute idée des connaissances générales qu'ont les Français du Bouddha aux 32 signes de la grande beauté, explique à son tour les cinq préceptes principaux de Bouddha et les huit préceptes sacrés.

Les cinq premiers consistent à s'abstenir :

1° De tuer ; 2° de voler ; 3° d'impuretés; 4° de mensonges ; 5° de liqueurs fermentées.

Certains religieux végétariens poussent si loin le souci du respect de la vie qu'ils s'abstiennent de marcher dans l'herbe, de peur d'écraser un insecte quelconque. Notre savant continuant ses explications raconte que l'abstention des liqueurs fermentées est un précepte si respecté des bonzes que, dans un ouvrage d'érudition sur « le Bouddhisme au Cambodge », notre résident à Kampot, M. Adhémar Leclère narre l'histoire d'un bonze atteint du choléra et refusant un médicament à base d'alcool pour ne point manquer à ses devoirs religieux. Il en mourut. Le bonze de la pagode d'Oudong fait à ce moment de la tête un geste affirmatif.

Comprend-il donc le français ?

La question lui est posée, il répond en langage cambodgien qu'il comprend un peu notre langue, juste assez pour deviner de temps en temps le sens d'une phrase à quelques mots.

Il ajoute qu'il a très bien entendu les cinq préceptes cités par M. Bollard, et à propos de l'abstention de mentir il déclare qu'un bonze de Bouddha qui mentirait, salirait à jamais sa robe. Les brahmanes mentent quelquefois, dit-il avec une certaine expression dédaigneuse.

— Quelle est la cause qui doit procurer à un bonze de Bouddha la plus grande joie ? interroge M. Brisac.

— Les bonzes n'éprouvent jamais ni joies, ni désirs, ni plaisirs. Ils ont au fond du cœur l'indifférence absolue qui ne comporte ni amour ni haine.

Toutes ces réponses sont faites en cambodgien et traduites au fur et à mesure par M. Brisac.

Nous prenons, un instant après, congé de ce bonze intéressant, et nous quittons la pagode pour remonter dans nos charrettes à bœufs.

C'est au grand trot que nos deux bêtes nous emportent vers les bois, donnent tête baissée à travers les taillis, franchissent les fossés, continuent, en un mot, l'œuvre de dislocation de nos personnes, si brillamment commencée.

Cette rude secousse prend fin au pied de l'escalier, monumental par ses proportions, qui conduit de la base de la montagne au sommet où s'élèvent les tombes des rois Kmers.

Ce sont d'énormes cônes de pierre ressemblant à la pyramide de Pnom-Penh.

De là-haut, le spectacle est superbe.

D'immenses forêts s'étendent aussi loin que porte la vue, forêts pleines de tigres, de rhinocéros et d'éléphants sauvages. On y organisait autrefois des chasses, mais comme les battues nécessitent un nombre considérable d'indigènes, on y a peu à peu renoncé.

Il y a lieu d'ajouter, du reste, que c'est sans le moindre enthousiasme qu'on obtenait sur *réquisition* le concours des Cambodgiens peu désireux d'offrir un bifteack ou un gigot de choix aux animaux de la forêt, très friands de chair indigène.

Après un court séjour dans la montagne, nous regagnons, au bas de la côte, notre attelage, et deux heures après, moulus, légèrement contusionnés et fortement exténués, nous regagnons notre chaloupe.

***

Nous continuons notre montée vers le Grand Lac, pour nous rendre à Angkor, dont les ruines imposantes affirment la grandeur d'un peuple qui eut jadis une civilisation et la conception de grandes choses.

Les vieux monuments cambodgiens sont les seuls vestiges de ce passé dont ils rappellent le lointain souvenir.

La civilisation des Kmers, que les plus anciens manuscrits religieux semblent ignorer, fut révélée vers 1860 par des explorateurs qui remontèrent les deux branches du Mékong.

Des traductions enfermées dans les bibliothèques en parlaient bien, antérieurement, mais, sauf quelques rares érudits, personne ne songeait à compulser ces manuscrits.

Doudart de Lagrée eut, avec Henri Mouhot, le sens de l'archéologie et de l'épigraphie cambodgiennes et c'est surtout grâce à eux que les admirables ruines d'Angkor ont été signalées au monde occidental.

*
* *

C'est à quelques kilomètres de Kompong-Cham, sur le Mékong, que se trouvent les ruines d'Angkor-Vath.

Une description de l'ancienne pagode royale, considérée comme le monument le mieux conservé de l'art Kmer, est une chose délicate à entreprendre.

Mouhot prétend que cette pagode l'emporte sur toutes les œuvres de l'art grec et romain. Elle est entourée d'un parc avec fossé et, chose curieuse, sa façade est tournée vers le couchant.

M. Delaporte, dans un très intéressant ouvrage consacré à l'architecture Kmer, dit :

Au premier plan une esplanade environnée de grands dragons à neuf têtes et de lions fantastiques; puis une vaste nappe d'eau limitée par des quais, un pont flanqué de colonnades interrompues au milieu pour faire place à de larges escaliers descendant jusqu'au bassin (toutes les allées sont bordées de nagas, tous les escaliers sont garnis de lions étagés); enfin, comme fond, une belle galerie à colonnes avec trois entrées centrales surmontées de tours aux étages dentelés, et deux grands porches ouverts aux extrémités pour le passage des chars et des éléphants. Sur les côtés, des massifs de végétation ; dans le lointain, le groupe des cinq plus hautes *préasats* du temple, presque perdues au milieu d'innombrables cimes de palmiers. Tel est le spectacle imposant qui surgit soudain à vos yeux, comme par un coup de baguette magique, quand, débouchant de la voie tracée sous les sombres voûtes forestières, vous atteignez la ligne du fossé qui marque nettement la limite de la grande futaie.

Le pont a 80 mètres de longueur. Franchissez-le, ainsi que la grande porte et le passage voûté dont j'ai fait mention, et arrêtez-vous près des piliers du péristyle intérieur qui donne sur le parc. Ici va vous apparaître le second tableau de la féerie.

A un demi-kilomètre devant vous, au bout d'une avenue spacieuse que bordent de sveltes bouquets de borassus, de cocotiers, de bambous, se développe l'ensemble du temple. Sa masse pyramidale d'un gris luisant tranche sur la verdure sombre qui l'enveloppe. Le monument sort, pour ainsi dire, du sein des eaux ; il semble émerger des deux grands *sras* (étangs sacrés) qui en baignent le pied.

Il est divisé en trois étages ; le premier composé d'une belle galerie à colonnes de 250 mètres de façade ; le second, d'une galerie moins développée avec fenêtres à balustres et hautes tours aux angles ; le troisième, d'une galerie du même genre juchée sur un haut massif, et dont les *préasats*, déjà plus élevées, sont dominées par la tour du sanctuaire.

Partout, la pierre semble une véritable dentelle, le sculpteur l'ayant fouillée d'un artistique et consciencieux ciseau.

A l'intérieur de la première galerie se trouvent quatorze escaliers, dont onze à ciel découvert. Des centaines de lions s'étagent de distance en distance, se mêlant à de superbes moulures.

Rien ne peut donner une idée du spectacle que présente cette ruine, immense par ses proportions, admirable par son aspect imposant, par ses riches sculptures, par ses murailles de vaste étendue, couvertes de bas-reliefs comprenant des milliers de figures.

Il a fallu des siècles pour achever la construction de ce sanctuaire.

Et, chose qui achève de lui donner un caractère impressionnant, c'est au milieu d'une végétation exubérante, poussant au hasard, sans que nulle main humaine n'en dirige l'essor, qu'émerge la plus imposante des ruines de l'Extrême-Orient.

* * *

En redescendant à Pnom-Penh, nous échangeons des impressions, non seulement sur les choses admirables que nous avons eues depuis plusieurs jours devant les yeux, mais aussi sur certaines particularités du Cambodge.

Toute la richesse du pays est due, ainsi que nous l'avons dit précédemment, aux inondations régulières du Mékong, qui dépose sur ses berges le limon fertilisant les plaines cambodgiennes.

Nous avons eu constamment sous les yeux, en dehors des forêts riches en bois précieux : des cultures de riz, de coton, de ricin, de poivre et de café.

Il y a malheureusement une période de saison sèche pendant laquelle les travaux des champs sont suspendus.

Il pourrait être apporté à cet état de choses, un remède facile.

Ce serait de créer des canaux latéraux, fermés par des digues, et conservant l'eau nécessaire à l'irrigation pendant les mois où le niveau du fleuve baisse.

A bord du *Calédonien*, un Anglais, grand cultivateur aux colonies, nous disait que, sur les territoires de Pondichéry, des lacs artificiels avaient été créés pour le plus grand profit de la colonie.

Un essai de ce genre réussirait certainement au Cambodge. On pourrait y tenter également avec fruit l'élevage du bétail.

A ce propos, un détail à mentionner :

Dans toute la Cochinchine et dans tout le Cambodge, les buffles ont l'horreur de l'Européen.

Chaque fois qu'un de ces animaux rencontre un Français, il fond sur lui, cornes baissées, et c'est une très fâcheuse rencontre que celle d'un buffle errant sur une route.

Par contre, un enfant indigène fait d'un buffle ce qu'il veut, aussi confie-t-on volontiers aux enfants la garde de troupeaux de ces animaux parqués dans les pâturages.

On dit plaisamment dans la contrée que les buffles ont un sentiment mystérieux du patriotisme.

Un jour de fête a Pnom-Penh.

CHAPITRE XI

LES REMÈDES CAMBODGIENS. — LE FIEL HUMAIN ET LES CAILLOUX ROULÉS. — LES SINGES DE LA FORÊT. — LE SORCIER DE LA PAGODE DE KIEM-SI.

Un matin, M. Boniface entra chez moi avant même que j'aie pu quitter mon matelas cambodgien, ouvrir ma moustiquaire et me rendre à mon cabinet de toilette, qui, en l'hôtel principal de Pnom-Penh, est une salle de douche.

Il était alors six heures environ, et M. le correspondant de l'Institut me réveillait quarante-cinq minutes trop tôt.

Il s'en excusa ; puis, gravement, il ajouta :

— Vous avez remarqué combien il est désagréable de ne pas parler la langue d'un pays dans lequel on s'est aventuré. Or, depuis quinze jours, j'apprends le cambodgien, et j'ai l'honneur de vous faire savoir que cette langue est monosyllabique, que l'alphabet se compose de vingt-quatre caractères comprenant des consonnes, des voyelles et des diphtongues. La phrase commence invariablement par le substantif ou le pronom. On ignore les inversions dans ce pays.

— M. Bollard, je vous adresse mes remerciements pour cette révélation et mes félicitations bien sincères pour la façon rapide dont vous avez pu comprendre le mécanisme de la langue cambodgienne.

— Ne me félicitez pas encore, vous ne sauriez plus rien me dire dans deux mois lorsque je saurai lire couramment ce que les Cambodgiens écrivent sur des feuilles de latanier, lorsque j'aurai pu comprendre les ouvrages spéciaux traitant des vieilles légendes du pays des Kmers. La légende, voyez-vous, continua le vieux savant, c'est un peu l'âme d'un pays. C'est de l'histoire additionnée des produits de l'imagination d'un peuple qui indique, par le caractère même de ces additions, ses croyances souvent naïves, les conceptions de son cerveau, ses visions et ses rêves.

J'adore les légendes de tous les pays du monde, continua M. Bollard.

Toutes les histoires mythologiques, hyperboliques, fantasmagoriques m'amusent : les géants, les fées, les dieux, tout ce qui sort de l'ordre normal et produit de grandes choses, m'intéresse.

Je cherche parfois à démêler la vérité de la fiction, mais c'est toujours une heure douloureuse pour moi que celle qui me fait quitter le domaine radieux du rêve pour retomber dans la brutalité des choses réelles.

— Mon cher monsieur Boniface, répondis-je, je vous en veux de me dire ces choses à six heures du matin, et surtout de m'avoir arraché à un rêve des plus agréables pour me narrer vos sentiments d'admiration pour les légendes. Je les aurais davantage appréciés une heure plus tard.

— Monsieur, vous dormez trop, et la température de ce pays vous transforme en paresseux.

— Merci bien, mais, puisque vous indiquez le mal, avez-vous un remède ?

M. Boniface avait jusqu'alors parlé debout. En entendant parler de remède, il s'empara d'un des six fauteuils en rotin qui décoraient ma vaste chambre, sorte de cage à moustiques dans laquelle je jouais, bien malgré moi, un rôle de père nourricier, et gravement, il me dit :

— Les remèdes de ce pays sont généralement indiqués par les sorciers, et j'ai le regret de n'en pas être un.

— C'est fort bien, mais savez-vous ce qu'un sorcier me prescrirais si je le consultais sur l'influence désagréable que me cause un réveil sonné trop tôt ?

M. Bollard réfléchit un instant et me dit :

— Le remède souverain, la panacée universelle, la guérison de tous les maux est contenue dans un seul produit. C'est un bonze de la pagode royale qui m'en a fait récemment la confidence.

— Et quel est ce produit ?

— La corne de cerf. Avec elle on guérit — d'après ce qui m'a été affirmé — la phtisie, la fièvre, les rages de dents, les cors aux pieds, et tous les maux dont souffre notre pauvre humanité.

Un pharmacien chinois de Cholon m'a dit, deux jours avant notre départ de Saïgon pour le Cambodge :

— J'ai ici, comme remèdes prescrits par la pharmacopée chinoise : de la décoction de fiel de corbeau, un filtrage d'ailes de certains coléoptères, de la poussière d'os de singe broyé, des moustaches de tigre, de la corne de rhinocéros, des dents de chiens, des pattes de chauves-souris et même du bouillon de cailloux.

— Du bouillon de cailloux ! quel est ce singulier comestible ?

— C'est le résultat de la cuisson de cailloux roulés, ayant

été pendant des siècles exposés au sommet des montagnes et qui, pendant cette longue période de temps, se sont imprégnés de la rosée du matin.

— Vous les faites bouillir et le bouillon guérit?...

— ... Les maux de ventre, la paresse et l'incrédulité.

— Docteur, allez bien vite me chercher un flacon de bouillon de cailloux roulés.

— C'est 25 piatres le demi-litre, répondit M. Boniface en présentant d'un air tranquille sa main droite, la paume en dehors, dans un geste d'appel à mes capitaux.

— La guérison est garantie?

— Quant à cela je l'ignore. Mais je suis sûr du tarif, c'est 25 piastres, soit 62 fr. 50 que je vous invite à me déposer, si vous croyez à la bienheureuse influence des cailloux.

— Hum!... on a le droit de réfléchir?

— Pendant toute sa vie.

— Eh bien, je réfléchirai.

— Vous êtes un sage. En attendant, je vous attends dans la grande salle de l'hôtel. Nous devons ce matin nous rendre, avec quelques fonctionnaires, à la pagode de Kiem-Si, pour y voir un des sorciers les plus curieux du Cambodge.

— Monsieur Boniface, je vous rejoindrai dans un instant. Je ne voudrais pas perdre un mot de la consultation que vous allez lui demander.

— Vous pensez donc que je vais lui demander quelque chose?

— Évidemment.

— Eh bien, vous avez raison.

— Je suis très perspicace, ajoutai-je avec une certaine fatuité dans le geste.

— Tout à fait perspicace, mais vous ignorez ce que je vais solliciter du sorcier Kiem-Si.

Types cambodgiens.

— L'indication d'une plante des forêts cambodgiennes guérissant quelque chose ?

— Pas du tout.

— Alors je ne sais pas.

— Je vais lui demander l'âge de la lune.

Et M. Bollard sortit sur ces mots.

* * *

Les Cambodgiens sont, comme tous les peuples d'Extrême-Orient, très superstitieux.

La croyance au merveilleux joue un rôle considérable parmi les populations qui, depuis des siècles, croient aux exorcismes et à toutes les pratiques d'une sorcellerie se greffant sur les manifestations du culte.

Il y a quelques années, on s'imaginait encore à Pnom-Penh que l'extraction du fiel humain pratiqué sur un homme encore vivant avait des vertus extraordinaires. Ce fiel guérissait toutes les maladies et infirmités de la vieillesse, et à ce sujet dans son très intéressant livre *Au Pays annamite*, M. H.-L. James, ancien directeur de l'École royale cambodgienne de Pnom-Penh, a raconté l'histoire suivante, qui précise un des caractères de ce peuple simpliste, superstitieux jusqu'à la cruauté.

« Un matin, deux jeunes indigènes vinrent m'annoncer qu'un homme gisait inanimé dans les fossés de l'École royale cambodgienne.

« Je n'avais que quelques pas à faire pour me trouver sur les lieux.

« Les deux jeunes gens me conduisirent donc sur le théâtre du crime, où trois Français procédaient déjà à des constatations, parmi lesquels M. Bourlier, commissaire central de police, et M. C..., employé du Protectorat.

« Un Annamite, jeune encore, les côtes défoncées par un énorme coup de coutelas, avec un trou circulaire dans la région pulmonaire : les indigènes, accourus en foule, affirmaient que le malheureux avait eu son fiel enlevé pour faire des médicaments !...

« Malgré notre incrédulité et le rire invincible qui s'empara de nous, presque à la même seconde, nous fûmes obligés de nous rendre à l'évidence et de constater la véracité de cette sinistre assertion. »

*
* *

Au Cambodge, les génies, les fées, les dragons, les chimères et d'autres monstres fantastiques ont des autels un peu partout.

On invoque sans cesse les esprits protecteurs, et toutes les maladies sont attribuées à l'influence des mauvais esprits.

Comme il convient de conjurer ces derniers, on a recours aux sorciers qui, seuls, par de mystérieuses incantations, ont le pouvoir d'expulser d'un corps le mauvais esprit qui s'y est logé.

C'est un des sorciers les plus réputés de la région que nous allions voir dans une pagode située au fond des bois. M. Bollard s'était fait donner des renseignements sur le personnage, et, pendant que nous chevauchions à travers les plaines, montés sur de petits chevaux cambodgiens, à l'allure paisible et au trot doux, voici ce qui nous fut conté par notre savant, toujours documenté comme une encyclopédie sur toutes les choses des régions que nous traversions.

Le sorcier chez lequel nous nous rendions descendait, tous les deux ou trois ans, à Ponm-Penh, pendant la période des fêtes du drapeau, ou quelquefois pendant les fêtes du Têt.

Les plus anciens de la contrée l'avaient toujours connu ; aussi lui attribuait-on un âge fantastique.

Les Européens pensaient qu'il pouvait approcher de la centaine ; les indigènes le croyaient contemporain de Çakia-mouni, c'est-à-dire du grand Bouddha, ce qui lui eût assuré une supériorité manifeste sur Mathusalem, à qui la Bible, comme on sait, concède une existence de neuf cents ans.

Quand le sorcier Rach-Tra sortait de sa pagode pour se rendre à Pnom-Penh, il faisait généralement son entrée dans la ville royale, debout sur une claie que des indigènes portaient sur leurs épaules.

Les joues du sorcier étaient perforées par de longues aiguilles de fer, traversant toute la face de part en part ; la lame d'un sabre, profondément enfoncée dans les muscles de l'avant-bras, saillissait en pointe affilée. Le saint homme s'en servait pour se labourer de temps en temps la langue et les lèvres, qu'il taillait de façon à faire des lanières de chair entièrement séparées les unes des autres.

Il arrivait dans cet état, ruisselant de sang, à la grande pagode, suivi par une foule immense.

Arrivé devant l'autel de Bouddha, il se roulait dans d'épouvantables convulsions, demandant de l'huile bouillante qu'il se répandait sur le corps, et tournait sur un chemin de charbons incandescents, les yeux hors de la tête, la bouche écumante.

La cérémonie se terminait par des coups de poignard appliqués à travers les bras, les épaules et la poitrine.

Et cette scène horrible ne provoquait ni un cri, ni une plainte chez celui qui s'offrait ainsi en spectacle à la foule, saisie d'admiration et de terreur.

Dans la nuit suivante, le sorcier reprenait seul le chemin de sa pagode, où il devait arriver avant le lever du soleil.

Quelques jours après, il donnait, à qui venait le visiter, des consultations d'ordre très divers, indiquant des remèdes, précisant l'endroit où se trouvaient les objets perdus, renseignant les indigènes sur la manière de gagner leurs procès, prédisant l'avenir, rappelant le passé, faisant, en un mot, ce que font en Occident nos somnambules extra-lucides.

On affirmait qu'après le premier jour de la pleine lune succédant à la cérémonie des épreuves subies à Pnom-Penh il ne restait plus trace sur le corps du sorcier des coups de poignard et de sabre dont il s'était profondément labouré la poitrine, les joues et la langue. On racontait aussi que, l'année précédente, une chasse aux tigres ayant été organisée à Pnom-Penh, il prédit que les deux éléphants emportant les chasseurs seraient tués et la prédiction se réalisa.

On citait de lui d'autres faits rappelant certaines histoires de fakirs.

Un jour, Rach-Tra avait annoncé, sur la grand'place de Pnom-Penh, qu'il s'endormirait le lendemain, au coucher du soleil, sur la natte de sa case et qu'il ne se réveillerait que lorsque le soleil se serait montré sept fois à l'Orient.

Il demandait que quatre Cambodgiens, âgés de moins de vingt ans et de plus de dix-huit, veillent sur son sommeil, éloignant de sa face les moustiques.

En rentrant dans sa pagode, il tomba à l'heure indiquée en catalepsie, et, pendant toute une semaine, les curieux purent venir contempler ses membres, présentant l'aspect de la rigidité cadavérique. Quand il se réveilla, il chassa tout le monde avec d'horribles injures.

C'était ce curieux personnage que nous nous promettions de voir.

*
* *

Nous étions entrés en forêt depuis une heure environ, suivant un sinueux sentier à peine tracé, et que notre interprète, chevauchant en tête de la caravane, devinait plutôt qu'il ne le voyait, lorsqu'au milieu des tamariniers et des jaquiers aux branches touffues nous aperçûmes une bande de singes gambadant joyeusement.

Contrairement aux habitudes de ce genre de quadrumanes, ils ne nous lancèrent aucun projectile et se contentèrent de nous escorter en exécutant de remarquables voltiges d'un arbre à l'autre.

Ils nous accompagnèrent ainsi jusqu'auprès d'un étang de peu d'étendue, dont la nappe d'eau dormante s'irradiait, par instants, des étincelles d'or d'un soleil trouant le feuillage des grands arbres. Autour de ce lac, le lotus sacré s'épanouissait, frissonnant sous les caresses d'un vent léger qui moirait par instant la surface des eaux et faisait tressaillir les fougères et les mousses.

Notre guide s'arrêta brusquement et, nous indiquant d'un geste un point blanc perdu dans la profondeur des feuillées, il nous dit :

— Voici la pagode de Kiem-Si. Nous y serons dans un instant.

A peine avait-il achevé ces mots qu'un bruissement de feuillage nous fit tourner la tête, et un homme apparut devant nous.

Sa maigreur invraisemblable, ses yeux brillant d'un éclat singulier, et dans lesquels semblait se concentrer toute l'intensité de la vie de ce squelette, son restant de robe jaune qui lui couvrait une partie du corps, à la manière des bonzes, nous avaient fait deviner, avant que notre cicerone eût dit un mot, que nous nous trouvions en face du célèbre sorcier Rach-Tra.

Il se mit à parler d'une voix rauque à notre interprète, et M. Boniface, qui décidément comprenait le cambodgien, traduisit :

— Le sorcier dit à notre guide qu'il nous attendait.

— Comment, il avait prévu notre visite?

— Naturellement, puisqu'il est sorcier.

— C'est juste!

Et comme Rach-Tra, sans ajouter un mot, se dirigeait vers la pagode, nous l'y suivîmes tous, silencieux et intrigués.

Pagode de Kiem-Si.

CHAPITRE XII

A LA PAGODE DE KIEM-SI. — LA PUNITION D'UN ANCIEN ROI KMER. — UNE FACHEUSE PRÉDICTION. — LES MOUSTIQUES DE CHAUDOC. — LE DÎNER EN SAC. — DEUX SINGULIÈRES NOUVELLES.

La pagode servant de résidence au vieux sorcier ne se distinguait pas extérieurement des pagodes ordinaires. Après avoir franchi le seuil de ce sanctuaire délabré où des nuées de chauves-souris avaient élu domicile, nous entrevoyons, à droite et à gauche, divers récipients contenant de longues allumettes roses parfumées, des callebasses renfermant les unes des grains de riz, les autres du sel ; dans des soucoupes, nous remarquons des feuilles de bétel, de la chaux et de la noix d'arec, produits composant, comme on sait, la chique d'Extrême-Orient.

Tous ces ingrédients ont pour but de chasser du lieu les mauvais esprits.

Ce qui nous intéresse davantage, c'est la présence de deux manuscrits écrits sur des feuilles de latanier.

M. Boniface arque sur son nez ses grandes lunettes d'or, se penche successivement sur chacun de ces manuscrits et nous dit :

— C'est écrit en langue pâli ; l'un est le *Macha-Sangerum* vieux traité d'astronomie auquel il est difficile de préciser une date ; l'autre est le *Phyea-Ka*, qui traite d'astrologie.

Je déduis de la rencontre de ce genre de papyrus en cette pagode que Rach-Tra doit être quelque chose comme le Nostradamus du Cambodge.

Il fait de l'astronomie, de l'astrologie, de l'incantation, de la sorcellerie et tenez, voyez de ce côté : le vieux malin fait aussi un commerce de talismans.

— Nous voyons effectivement sur un autel latéral où le Bouddha, au lieu d'avoir derrière lui comme à l'autel principal, le cobra capello, à la tête évasée, est assis sur un trône, deux doigts levés vers le ciel. A ses bras sont suspendues des amulettes. Notre interprète, sur l'invitation qui lui en est faite, demande à Rach-Tra ce que contiennent ces talismans.

Le sorcier, sans regarder personne et avec un air de parfaite indifférence, répond en cambodgien :

— Les amulettes pendues aux bras du Bouddha renferment des dents de caïman pour préserver des revenants.

Les autres talismans placés sur l'autel contiennent de la poudre d'ivoire provenant de défenses d'éléphants et de sangliers. Ceux qui ont ce talisman sur la poitrine sont préservés des balles des barbares d'Occident.

A ce moment, un cochon pénètre dans la pagode. Nous nous demandons si le sorcier fait de l'élevage, mais en voyant le porc entrer, Rach-Tra se précipite vers lui en donnant des signes de la plus extrême fureur et chasse la bête dehors avec de grands cris.

Le porc effrayé se sauve en groïnant et va se réfugier dans la cour latérale.

— C'est l'avant-dernier des rois Kmers, explique tranquillement le sorcier. Pour le punir de ses méfaits, Bouddha l'a incarné dans le corps d'un cochon comme d'autres sont incarnés dans des corps de chiens, de canards, de poules et même dans des végétaux.

L'aspect rondelet de l'ancien roi Kmer nous fait penser qu'une grillade provenant d'une des côtes de Sa Majesté nous paraîtrait tout à fait de circonstance, car cette petite promenade de 15 kilomètres, à travers plaines et bois, nous a fortement ouvert l'appétit.

Le fonctionnaire qui nous accompagne devine sans doute nos pensées, car il dit :

— Les boys qui nous suivent portent des caisses de provisions ; j'ai cru que l'ordinaire du sorcier ne serait peut-être pas de votre goût. Il ne mange jamais de viande. C'est un végétarien convaincu, et vous avez dû remarquer que ce régime ne l'a pas fait engraisser.

En effet, au premier aspect, il semble bien qu'on pourrait lire un journal en plaçant une bougie derrière la cage thoracique du sorcier, tellement sa maigreur est grande.

— Nous lui demandons la permission de l'interroger. On lui traduit notre question, et très catégoriquement le sorcier nous répond *non*.

— C'était bien la peine de venir de si loin pour être si mal reçu, fait observer notre cicerone.

— Je ne vous ai pas demandé de venir, répond avec beaucoup de logique le peu hospitalier Rach-Tra.

— Nous avions beaucoup entendu parler de vous, et nous espérions assister à une des séances merveilleuses qui vous ont fait une si grande renommée au Cambodge.

— Ma renommée tient à ce fait que les hommes sont des imbéciles, répond le sorcier. Ils admirent ce qu'ils ne comprennent pas.

— Notre astrologue-sorcier est doublé d'un philosophe, remarque M. Boniface, qui reprend :

— Puisque vous venez de temps en temps à Pnom-Penh, avez-vous l'intention de vous rendre cette année dans cette ville, à l'occasion de la fête du Dragon ?

— Je n'y retournerai plus, puisque maintenant les gens de Pnom-Penh ne cessent pas de venir à moi.

Et le vieux sorcier ajoute :

— Je me passerais bien ne leur visite, ainsi, du reste, que de la vôtre.

Notre interprète nous traduit cette agréable appréciation. Il nous restait à prendre congé de lui, lorsqu'en étendant le le bras il s'écrie :

— Vous ne partirez pourtant pas d'ici sans que je vous ai prédit quelque chose.

En prononçant ces mots, il a l'œil un peu égaré, comme recevant des espaces quelques mystérieuses communications.

Curieux et un peu incrédules, nous tendons l'oreille, regardant l'interprète qui nous traduit mot à mot les prophéties du sorcier.

— Avant trois levés de soleil, l'un de vous sera mordu par un serpent. Il en mourra dans les deux heures.

— Merci de la prédiction, répondons-nous. Elle n'est toutefois pas folâtre.

— Je dis la vérité, continue le sorcier, et je puis même désigner celui qui sera mordu.

Personne ne répondant, il marche dans la direction de notre interprète et, le bras tendu vers le bras droit de ce dernier, lui dit :

— Tu seras mordu là.

L'interprète devient d'une pâleur de cire et semble prêt à tomber sous l'empire de la vive émotion qui l'étreint.

VILLAGE SUR PILOTIS (BORDS DU MÉKONG).

Le sorcier reprend :

— Voulez-vous savoir autre chose encore?

— Je pense qu'en voilà assez pour aujourd'hui, répond M. Bollard. Gardez la suite pour notre prochain voyage, vos prédictions ne sont pas suffisamment réjouissantes.

Un instant après, nous quittions la pagode après avoir déposé, à côté de la chique de bétel destinée à chasser les mauvais esprits, quelques pièces de monnaie qui paraissent laisser Rach-Tra profondément indifférent.

— En voilà un sauvage! dis-je à M. Boniface, notre interprète est capable d'être malade avant d'avoir été mordu.

Je remarquai que pendant le retour le malheureux guide ne perdait pas de vue les branches d'arbres que nous frôlions de la tête. Il semblait s'attendre à chaque instant, à sentir un serpent palmiste lui tomber sur les épaules.

*
* *

Le retour à Pnom-Penh s'accomplit sans incident, mais désireux de rassurer l'interprète sur les suites de la prédiction du sorcier, je lui dis en arrivant :

— J'ai emporté de France avant mon départ quelques flacons de sérum antivenimeux, de mon très savant ami le Dr Calmette, directeur de l'Institut Pasteur de Lille. Je vais vous en remettre un échantillon, et, dans le cas où vous seriez mordu, servez-vous-en sur l'heure. Vous verrez que votre sorcier aura menti.

*
* *

Après trois semaines de séjour au Cambodge, nous reprenions, dans le courant du mois de mars, la route fluviale devant nous ramener en Cochinchine.

— Nous devions de là monter en Annam, puis au Tonkin et dans le Yunnan.

Ce n'est pas sans regret que nous nous séparons de nos amis du Cambodge. Nous n'avions pu voir qu'une partie de cette curieuse contrée, mais nous emportions néanmoins de notre court séjour dans cette région le souvenir ineffaçable de ce peuple industrieux, poli, bienveillant, et aussi la mémoire des ruines admirables qui, dans ce coin de l'Extrême-Orient, démontrent par des traces indiscutables qu'il y eut là jadis, il y a plusieurs milliers d'années, une civilisation puissante et une nation capable des grands efforts produisant les grandes choses.

*
* *

Notre itinéraire du retour vers Saïgon comprend un arrêt de vingt-quatre heures à Chaudoc, capitale des Moustiques, et qui fait, à ce titre, une sérieuse concurrence à Podor, ville sénégalaise, réputée le point le plus chaud du globe et le plus propre au développement de ce genre d'insectes.

A Chaudoc, point d'hôtel, mais une auberge annamite, où il est permis de trouver un repas suffisant et un lit agrémenté de toutes les bestioles de la création.

Avant de nous étendre sur le dur matelas offert à nos hésitations, nous allons en malabar faire le tour de la montagne où s'épanouit une admirable végétation.

Là, dans des massifs de verdure, nous découvrons des villages annamites de l'aspect le plus pittoresque. Des fermes exploitées par des indigènes nous révèlent, en passant, des intérieurs de famille faisant songer au temps des patriarches.

En route, nous faisons la rencontre de l'agent voyer de la

région, qui nous invite, sans façon, à venir dîner en sa compagnie.

Nous acceptons bien volontiers et nous nous rendons à son habitation, maison charmante et très vaste, trop vaste même pour un homme seul.

Gracieusement, notre amphitryon nous offre à chacun un sac de la dimension de ceux dans lesquels on fait tenir cent cinquante kilos de farine.

— Que voulez-vous que nous fassions de ceci? lui demandai-je.

— C'est pour vous permettre de dîner sans offrir vous-mêmes aux moustiques un repas de leur choix. Ces animaux adorent le sang des Européens. Vous n'êtes pas comme nous anémiés par un long séjour dans ce pays au climat débilitant, aussi me paraît-il de toute nécessité de vous demander à chacun d'introduire vos personnes dans un sac. En ficelant ce dernier étroitement sous les aisselles, vous aurez des chances de ne pas sentir une légion d'insectes vous grimper après les mollets.

D'ailleurs, ajoute-t-il avec philosophie, je n'ai jamais pu dîner autrement pendant huit mois de l'année. Le sac est ici aussi indispensable que la serviette.

On le place sur le dossier de la chaise en même temps qu'on met les couverts sur la table. Cela fait partie du service.

— Pays charmant, répond M. Bollard en se mettant en sac.

Nous avons l'air d'organiser une course comme il s'en fait dans certains villages de France.

Nous gagnons nos places en sautant, ce qui provoque chez tous un accès de gaieté folle.

Seul, le maître de céans reste sérieux. Il est tellement habitué à son sac!

Le dîner se passe sans inconvénient. C'est à peine si autour des deux lampes qui nous éclairent tourbillonnent, avec le bruit énervant qui leur est propre, quelques centaines de moustiques.

Quelques-uns tombent même dans les plats, ce qui fait dire à M. Bollard :

— Je préfère les avaler plutôt que d'être dévoré par eux.

Enfin nous prenons congé de notre amphitryon, auquel nous restituons avec un geste gracieux nos sacs protecteurs; nous secouons nos sandales sur le seuil de sa porte et nous lui promettons, malgré son cordial accueil, de ne pas revenir de sitôt à Chaudoc.

Il a l'air de très bien comprendre ce sentiment.

Le lendemain, nous prenions nos dispositions pour nous rendre à Cantho.

*
* *

A peine avions-nous mis le pied sur la chaloupe qui devait nous emporter loin de Chaudoc qu'un navire de la Compagnie des Messageries fluviales, venant de Pnom-Penh, nous croise à quelques encablures, et j'entends une voix crier :

— J'ai une lettre à l'adresse de M. le délégué du ministre des Colonies chargé de mission.

Le commandant de notre chaloupe fait approcher son bateau, et le capitaine du paquebot lui jette une lettre qui m'est remise aussitôt.

Je l'ouvre et je vois à la signature qu'elle émane de notre ami Brisac, sous-directeur des Messageries fluviales et l'un de ceux qui nous accompagnaient, trois jours avant, à la pagode de Kiem-Si.

Voici ce que dit cette lettre :

« J'ai deux singulières nouvelles à vous apprendre. La première concerne notre interprète de l'autre jour. Le pauvre homme a été piqué avant-hier dans l'après-midi, à 5 kilomètres de Pnom-Penh, par un serpent d'espèce dangereuse. Toutefois je m'empresse de vous rassurer. Transporté à l'Institut Pasteur, que dirige ici M. le Dr Angelier, ce dernier lui fit une inoculation du sérum Calmette et j'ai la satisfaction de vous apprendre que, malgré la sinistre prophétie du sorcier, aucune issue fatale n'est à redouter. Le brave homme en aura été quitte pour la peur ; néanmoins la coïncidence est bizarre.

« La seconde nouvelle est plus étrange encore. Rach-Tra est mort dans la nuit d'hier, et la pagode de Kiem-Si n'est plus qu'un monceau de cendres. On a trouvé le cadavre du vieux sorcier entièrement carbonisé. On pense qu'il se sera endormi après quelques pipes d'opium et que la flamme à laquelle il chauffait son tabac opiacé aura communiqué le feu à sa couche végétale, rendue particulièrement combustible par l'extrême sécheresse.

« Au Cambodge on est, vous le savez, très partisan de l'incinération.

« En ce qui concerne Rach-Tra, c'est chose faite.

« Bouddha est toujours grand, mais Rach-Tra n'est plus son prophète.

« Parmi les décombres, on a trouvé, tordues par le feu, de longues aiguilles de fer et des lames de poignard.

« Détail singulier : Figurez-vous que ce sorcier était en même temps un avare.

« D'un coffret cerclé de fer et dont il reste l'armature sortait un amoncellement de piastres mêlées à des sapèques, ainsi que des barres d'or et d'argent.

« On évalue à 5.000 francs environ la valeur du trésor de ce vieux singe.

« On attend que ses héritiers — s'il en a — se fassent connaître.

« J'ajoute en terminant que l'ancien roi Kmer incarné, d'après le sorcier, dans le corps du porc attaché à la pagode a été, lui aussi, grillé sans la suprême consolation d'avoir été préalablement transformé en andouillette. »

Ainsi passe la gloire du monde!

Ferme au bord d'un arroyo.

CHAPITRE XIII

UNE FERME ANNAMITE DANS LES BOIS. — UN ACCUEIL CORDIAL. — A LA RECHERCHE DE M. BOLLARD. — L'ISONANDRA KRANTZII ET LE DALBERGIA. — UNE ENGAGEANTE HOSPITALITÉ.

Chaudoc et les hautes collines boisées sur le fond sombre desquelles se détachent, avec les maisons aux teintes claires, l'éparpillement un peu bariolé des boutiques chinoises et des habitations indigènes aux toitures de roseaux, ont disparu depuis plusieurs heures.

Nous avons quitté le Mékong pour nous confier à un arroyo traversant une forêt aux larges ombrages.

Nous avançons lentement, et, bien que notre chaloupe ait un tirant d'eau lui permettant de naviguer par de très faibles profondeurs, c'est avec une extrême prudence que nous nous aventurons dans ces parages.

L'officier commandant la chaloupe connaît le chemin pour

l'avoir plusieurs fois parcouru, et il sait qu'en maintenant le bateau vers le milieu de la rivière on ne court, en cette saison, aucun risque d'échouage; mais il faut une attention de tous les instants pour ne point quitter l'étroit chenal naturel creusé par les eaux.

Par instant, nous sommes obligés de baisser la tête pour éviter d'être frôlés par les branches des arbres des deux rives qui se rejoignent dans une courbe gracieuse et forment au-dessus de nous un dôme de verdure.

A droite et à gauche, une végétation touffue jaillit du sol dans une poussée puissante, à laquelle la main de l'homme est restée étrangère.

Des fleurs colorées par le soleil des tropiques trouent de leurs nuances éclatantes la profondeur des verdures.

Nous faisons stopper dans une sorte de baie, au fond de laquelle nous apercevons, au milieu des tamariniers, des palétuviers et des bambous aux troncs multiples, une ferme annamite.

Extérieurement, cette habitation ressemble aux maisons déjà vues dans les villages indigènes; les murailles en sont construites en fûts d'aréquiers, le toit est en feuilles de palmier.

Un jardin potager assez bien entretenu s'étend sur le côté gauche de la ferme. Il y a là toutes les variétés des crucifères, y compris des radis et des choux. On y voit aussi des tomates, *solanum lycopersicum*, dit M. Bollard.

L'unique porte de l'habitation est largement ouverte : c'est par cette ouverture qu'entrent l'air et la lumière. Il y a néanmoins une seconde porte au fond, fermée celle-là, et que nous distinguons lorsqu'avec un sans-gêne d'Européens en pays exotique nous pénétrons dans l'intérieur de cet antre, sans y avoir été invités. D'ailleurs, le maître de céans n'est pas là. La maison est vide.

Le propriétaire semble avoir peu le souci des voleurs. Un coup d'œil jeté à travers la pièce principale nous explique cette indifférence.

Le mobilier se compose de planches servant de lit, une grande table mal équilibrée occupe le centre de la salle, cinq ou six escabeaux d'aspect rustique et un bas fourneau en terre cuite complètent un ameublement qui n'a rien de commun avec celui du Palais de Versailles.

Ce mépris absolu du confortable est une des particularités du caractère annamite.

L'indigène vit aux champs; sa maison est, à ses yeux, l'endroit où il prend ses repas, où il se met à l'abri de la pluie et où il dort.

Il n'y séjourne pas, aussi s'inquiète-t-il peu de décorer son habitation de ces mille riens qui font le charme des intérieurs européens. L'amour du bibelot est inconnu de la population annamite. Il n'y a guère que dans les habitations de hauts personnages ou de gens riches qu'on rencontre des chaises sculptées, des coffrets en thuya ou en palissandre incrustés de nacre et des lits de repos en bois parfumé recouverts d'une natte.

Nous sommes en train d'échanger nos impressions sur l'aspect misérable de cette ferme, lorsqu'une jeune femme annamite, de physionomie agréable, se présente devant nous.

Elle nous salue et nous dit, en excellent français :

— Soyez les bienvenus, Messieurs ! Mes frères sont aux champs, mais je suis là pour vous faire les honneurs de la maison.

Surpris d'entendre ces mots prononcés d'une voix douce, un peu chantante et sans le moindre accent étranger, nous regardons la nouvelle venue.

Elle porte un long collier d'or autour du cou. Des bracelets ornent ses poignets, et elle a de nombreuses bagues aux doigts.

La femme annamite a, comme la négresse, le goût des bijoux, avec cette différence que la femme noire se contente de clinquant, de verroteries brillantes et tirant l'œil, tandis que la femme d'Extrême-Orient attache beaucoup d'importance à la valeur du métal.

La jeune femme qui vient de nous parler est d'allure élégante. Elle porte une longue robe en soie noire fendue sur le côté et montrant un pantalon de la même couleur.

Elle est chaussée de brodequins vernis, et tout indique que cette annamite ne se trouve là, dans ce coin broussailleux, que d'une façon tout à fait accidentelle.

Son langage, la recherche de ses vêtements, les bijoux de prix dont elle est ornée, nous font aisément comprendre que nous avons, devant nous, une femme habitant la ville et appartenant vraisemblablement à la classe riche.

Aussi sommes-nous surpris de l'entendre parler de ses frères en indiquant qu'ils sont les propriétaires de cette modeste ferme.

M. Boniface Bollard, qui l'observe curieusement, lui dit :

— Nous vous remercions de nous accueillir d'une façon aussi cordiale, mais nous ne faisons que passer. Le site nous a tentés et nous sommes descendus à terre pour voir de plus près cette belle végétation au milieu de laquelle votre ferme apparaît comme...

— Comme un chardon au milieu des roses, interrompt-elle en riant.

A cette image certainement inusitée en Extrême-Orient, M. Bollard s'arrête bouche bée, stupéfait, comme nous du reste, d'entendre cette femme indigène s'exprimer en français avec une pareille aisance et employer des locutions tout à fait spéciales à notre pays.

Comprenant l'étonnement qu'elle produit, la jeune femme sourit, en nous regardant d'un air un peu malicieux.

Je l'observe curieusement. Elle présente bien tous les caractères physiques de la race annamite dont j'avais eu tant d'échantillons sous les yeux depuis mon arrivée à Saïgon.

La tête est petite, le front rond, les pommettes légèrement saillantes, le nez large du haut, le teint d'une nuance un peu cuivrée.

D'autre part, l'obliquité bien qu'à peine perceptible des yeux et la forme particulière de la face affirment d'une façon indiscutable l'origine indigène de cette jeune femme.

On sait que les hommes appartenant à la variété de l'espèce humaine classée par les anthropologistes sous le nom de race Mongole (variété parmi laquelle se trouvent les Annamites) ont généralement la face un peu losangique. Les brisures des angles sont néanmoins très atténuées chez la femme, dont le visage, sans avoir l'ovale régulier des Occidentales, est plus arrondi que celui de l'homme.

Détail qui me surprend : cette Annamite a les dents blanches, contrairement aux habitudes des femmes de ce pays, qui mâchent le bétel et, à l'aide d'une matière colorante, se noircissent les dents.

Pendant que je fais intérieurement cette rapide analyse de sa personne, la jeune femme reprend :

— Vous êtes surpris, n'est-ce pas, Messieurs, de trouver ici une indigène parlant à peu près le français ?

— C'est en effet peu banal, lui répond M. Bollard, surtout au bord d'un arroyo peu fréquenté et à un endroit situé loin de la grande artère fluviale.

— Si nous vous avions rencontrée à Saïgon, à Cholon ou même à Mytho, ajoutai-je, nous n'éprouverions pas cette surprise.

— Messieurs, répondit-elle, je vais en quelques mots vous expliquer beaucoup de choses. J'ai été emmenée à Paris, il y a de cela un peu plus de dix ans, par la femme d'un haut fonctionnaire rentrant en France. Cette dame s'est plue à me faire instruire et, comme je n'avais pas, bien que *niakouée*, l'intelligence trop rétive, elle a pu faire de moi une petite Cochinchinoise pourvue de son brevet supérieur. J'ajoute que je suis revenue ici depuis quinze mois, j'habite Saïgon, mais je viens fréquemment voir mes frères qui exploitent cette petite ferme. Vous voilà maintenant au courant de la circonstance qui vous fait rencontrer dans la broussaille cochinchinoise une Annamite capable de se faire comprendre et de vous comprendre vous-mêmes.

— Très bien ! et vous vous nommez ?

— Tong-Hai, de mon nom patronymique. En France, on m'a donné le nom de Maria, le jour de mon baptême, car je suis chrétienne, ajoute-t-elle.

— Eh bien, mademoiselle Maria Tong-Hai, recevez toutes nos félicitations.

— Et maintenant, Messieurs, que je me suis présentée moi-même, voulez-vous me permettre de vous offrir une tasse de thé. Mes frères étant aux champs, ainsi que je vous l'ai dit, c'est moi qui vais vous faire les honneurs de notre bicoque.

Et gracieusement elle nous présente les escabeaux boiteux gisant à travers la salle. Puis elle ouvre la porte du fond afin de rendre la pièce un peu plus claire.

Pendant que la jeune fille installe les tasses sur la table, M. Bollard, qui regarde depuis un instant par la porte entr'ouverte, se lève et, penchant la tête, dit :

— Si je ne me trompe, j'aperçois d'ici deux palétuviers de genre différent et qu'on rencontre assez rarement dans le même voisinage. L'un est le *Rhizophora Bruguiera*, l'autre le *Rhizophora Candel*.

Une femme annamite.

La jeune indigène fait un geste d'ignorance. On ne lui en a pas appris autant que cela à Paris ; néanmoins, pensant donner un renseignement utile, elle dit à M. Bollard :

— Il y a près d'ici plusieurs beaux ébéniers et quelques ouatiers. On envoie les produits de ces derniers arbres à Pnom-Penh pour la fabrication de matelats pliants appelés : matelas cambodgiens.

Du reste, ajoute-t-elle, il y a dans cette forêt une très intéressante variété d'arbres, à ce que j'ai entendu dire. Vous en trouverez de fort beaux spécimens à quelques cents mètres d'ici.

— J'y vais immédiatement, répond M. Bollard, qui, se levant sans attendre le thé, sort avec la précipitation d'un savant flairant une découverte.

Nous sourions de l'enthousiasme du membre correspondant de l'Institut, et, le laissant à son exploration, nous nous apprêtons à faire honneur au thé qui nous est servi.

Il paraît que ce thé est cultivé dans la région, où l'on considère ce produit comme une source de richesse future pour la colonie.

On prétend en Europe qu'il ne vaut par le thé de Chine, mais c'est là une affirmation assez peu justifiée. Ceux qui sont au courant de ce qui se fait en Cochinchine savent que les produits de notre colonie sont fréquemment vendus à des Chinois qui les traitent par leur méthode particulière et les livrent au commerce avec des étiquettes chinoises.

S'ils avaient une enveloppe timbrée de Saïgon, ces thés seraient immédiatement cotés comme étant de qualité inférieure.

Présentez-les avec une étiquette de Canton ou de toute autre ville du Quang-Si ou du Yun-Nan, le même thé est aussitôt considéré comme exquis.

De cette constatation ressort une fois de plus la confiance

naïve de bon nombre de braves gens s'inquiétant plus de l'extérieur d'un flacon que de son contenu et jugeant un produit par son étiquette.

* * *

Nous avons depuis longtemps fini de déguster l'excellent thé qui nous a été servi, lorsque je fais observer que M. Bollard est absent depuis près d'une heure.

— Si nous nous mettions à sa recherche? propose quelqu'un.

Tout le monde est debout dans le même instant, et notre hôtesse demande si nous consentons à l'accepter pour guide.

La proposition est acceptée avec reconnaissance, et nous partons tous à la recherche de M. Boniface Bollard.

Le commandant de la chaloupe donne l'ordre au mécanicien de faire fonctionner sa sirène, et un sifflement aigu, prolongé et qui doit s'entendre à plusieurs kilomètres, nous déchire les oreilles.

M. Bollard est ainsi averti que l'heure de se rembarquer est proche.

Il n'a toutefois pas l'air d'y prendre garde, car nous ne l'apercevons pas.

Nous entrons sous bois en l'appelant à pleine voix. Un écho très affaibli nous renvoie la dernière syllabe du dernier mot prononcé, mais rien ne nous indique que M. Boniface a entendu.

Nous marchons à travers les taillis, écartant les feuilles et suivant docilement la jeune femme indigène qui nous dirige dans nos recherches.

Nous n'avons point trop d'inquiétude sur le sort de notre compagnon, cependant nous trouvons que M. Bollard est allé, seul, bien loin en forêt, ce qui peut être une imprudence dans ces régions.

Nous continuons à crier de distance en distance, et dans le lointain, par intervalle, nous entendons la sirène qui fait entendre son strident appel.

Tout à coup, au détour d'un sentier, nous apercevons M. Boniface. Il est immobile, un genou appuyé sur le sol, la tête penchée et contemplant avec une attention soutenue une chose qui paraît l'intéresser de la façon la plus vive.

— Est-il tellement absorbé qu'il en soit devenu sourd!

En nous approchant, nous constatons qu'il a un couteau ouvert dans la main droite; de la gauche, il tient, près de la base de l'arbre, une large feuille sur laquelle coule une résine.

— Eh bien! monsieur Bollard, que faites-vous donc là, lui demandai-je? Voilà une heure que nous vous attendons. Nous commencions à croire que vous aviez fait la rencontre d'un fauve?

— J'ai rencontré quelque chose de bien plus intéressant, répond tranquillement M. Boniface, très attentif au suc de l'arbre qu'il recueille et qui coule par une large incision pratiquée dans le tronc.

— Et quelle est cette chose intéressante?

— L'*Isonandra Krantzii*, un arbre guttifère qui secrète un suc laiteux pouvant servir de gutta-percha.

— Vraiment!

— Oui, Monsieur, et à coté, là, indique-t-il d'un geste, je viens de constater la présence du *Dalbergia;* malheureusement, si je puis emporter un échantillon du produit de l'*Isonandra Krantzii*, je dois renoncer à tout spécimen de l'autre arbre.

— Et pourquoi cela?

— Parce que le *Dalbergia* est l'arbre rare qui donne le bois de fer sur lequel se font les incrustations de prix. C'est le plus dur et le plus dense de tous les bois de l'Extrême-Orient. J'ai vainement tenté de détacher un fragment du tronc, j'ai cassé la meilleure lame de mon couteau sur son écorce lisse.

— Vous auriez dû prendre une hache, fis-je d'un air un peu ironique.

— Vous devriez bien aller en chercher une à bord, me répond-il avec flegme.

— Et nous partirions pour Cantho ?

— Demain. Mlle Maria Tong-Hai et ses frères nous offriront au besoin l'hospitalité. Il y a des lits très confortables dans la maison. J'en ai distingué un qui doit être fait de planches découpées dans un *Kurrimia*.

— C'est un bois parfumé ?

— Non, c'est un bois employé généralement dans la fabrication des cylindres servant à broyer la canne à sucre.

Comme lit, il y a plus moelleux, même dans les corps de garde, mais en voyage le sage doit se contenter de peu.

En terminant cette observation philosophique, faite du ton le plus sérieux du monde, M. Bollard, qui a recueilli sur sa feuille de bananier une certaine quantité de l'imitation de gutta-percha coulant de son *Isonandra*, enveloppe le tout avec précaution dans un vieux numéro du *Courrier Saïgonnais*, égaré dans une poche de son veston et demande :

— Mademoiselle Maria accepte-t-elle ma proposition ?

— Les Annamites sont hospitaliers, répond la jeune fille. Vous pouvez rester ici aussi longtemps que vous le voudrez.

— Vous nous offrez le logement ?

— Oui, et la nourriture,

— Dites un peu le menu ?

La Cochinchinoise, qui semble avoir l'esprit aussi malicieux que M. Boniface, dit gravement :

— A midi, du bouilli, du poisson sec et des légumes ; à six heures du soir, du poisson sec, des légumes et du riz.

— C'est le menu du dimanche?

— Et celui des jours de la semaine.

A ce moment, la sirène de la chaloupe fait entendre un nouvel appel, et M. Bollard dit :

— Notre équipage s'impatiente, il ne nous pardonnerait pas de banqueter sans lui. Mademoiselle Maria, tous nos remerciements pour votre gracieuse invitation, mais nous n'en abuserons pas.

La jeune fille se met à rire et nous dit :

— J'espère, Messieurs, avoir le plaisir de vous rencontrer un de ces jours à Saïgon. J'aurai peut-être alors la satisfaction de pouvoir vous offrir un menu un peu plus confortable.

*
* *

Vingt minutes après, nous sommes à bord, après avoir pris respectueusement congé de cette Annamite intelligente, qui nous avait accueillis avec tant de bonne grâce et d'esprit.

*
* *

La nuit est venue, une de ces belles nuits sereines où le paysage est éclairé, comme en plein jour, par la lumière des astres.

Autour de nous, tout est silencieux, et nous glissons sur

les eaux calmes au milieu de cette végétation admirable qui fait au-dessus de nos têtes une toiture naturelle de feuillage.

A peine si, de loin en loin, le cri guttural de quelque oiseau de nuit vient troubler le silence de la nature endormie.

AU BORD D'UNE LAGUNE.

CHAPITRE XIV

A CANTHO. — DÉPART POUR L'ANNAM. — UN ORAGE DANS LES MERS DE CHINE. — NHA-TRANG. — ARRIVÉE A TOURANE. — LA ROUTE DU COL DES NUAGES.

Cantho est une petite ville située sur un arroyo du même nom et sur la branche du Mékong appelée fleuve postérieur.

C'est un centre très important au point de vue du marché indigène, et nous savions déjà, avant d'y arriver, que par sa situation Cantho était d'aspect agréable et ne manquait ni de pittoresque, ni d'imprévu.

De nombreuses boutiques chinoises bordent le Mékong, et nous apercevons, sur le seuil de sa porte, un brave négociant chinois qui, le nez surmonté d'une gigantesque paire de lunettes, nous regarde curieusement. Derrière lui, son fils, debout, nous observe. Il semble attendre que je braque sur lui la jumelle Carpentier que je porte en bandoulière. Je comprends son appel muet et... j'ai l'honneur de présenter aux lecteurs, à la fin de ce chapitre, le groupe du père et du fils.

A Cantho nous étions attendu par un ami rencontré précédemment au cours de nos pérégrinations : M. Habert, juge en cette ville.

Cet aimable magistrat nous offre une hospitalité n'ayant rien de commun avec celle dont Mme Maria Tong-Hai nous avait fait entrevoir les délices.

M. Habert a remplacé le riz et le nuoc-man par des choses infiniment plus agréables au palais d'un Européen, et c'est avec la reconnaissance d'un estomac satisfait que nous le félicitons sur le menu très parisien dont il vient de nous faire apprécier les charmes.

Après le déjeuner et avant d'aller explorer les environs, nous allons rendre visite à M. Saintenoy, administrateur de la province.

Là encore, l'accueil qui nous est fait est charmant, et, comme M. Saintenoy est intéressant à interroger comme l'est à feuilleter un volume bourré de documents, je ne me fais pas faute de le mettre à contribution, exercice auquel il se prête, du reste, avec une bonne volonté toute cordiale.

Je dois à M. Saintenoy un bon chapitre du volume, d'allure officielle, publié avant celui-ci et traitant, d'une façon à peu près exclusive, des questions économiques relatives à l'Indo-Chine.

Après un séjour de trente-six heures à Cantho, nous sommes obligés de quitter ce pays, d'où nous emportons un des bons souvenirs de notre voyage en Cochinchine.

MM. Saintenoy et Habert nous reconduisent à bord, et nous nous donnons tous rendez-vous, l'an prochain, à Paris; engagement réciproque qui se réalisera, s'il plaît à Dieu.

*
* *

Par un phénomène d'optique assez fréquent, on s'imagine aisément en France que le Cambodge, l'Annam, la Cochinchine et le Tonkin forment une seule région dont les fractions sont si rapprochées qu'il suffit de dire : « Je vais au

Tonkin » pour que toute l'agglomération de l'Indo-Chine fusionne dans cette simple indication.

Pour les habitants de la métropole, l'Indo-Chine semble un grand département aux localités si voisines les unes des autres qu'il paraît tout simple, quand on se rend à Saïgon, de se charger de quelques commissions pour Haïphong ou Hanoï.

Or, de Saïgon à Haïphong, il y a cinq jours de traversée sur la peu hospitalière mer de Chine, et douze heures de navigation sur le Fleuve Rouge pour aller d'Haïphong à Hanoï.

Et Alger, qui est à vingt-quatre heures de Marseille, apparaît, aux yeux des habitants de la métropole, comme une ville très lointaine dont la vision semble le point terminus d'un grand voyage au long cours ! ! !

Or vingt-quatre heures de navigation sont, en Extrême-Orient, une simple promenade. On va rendre visite à un ami dont la résidence est à deux jours de distance plus facilement qu'on ne va de Paris à Amiens.

Je constate, en passant, ce phénomène et j'en déduis qu'il faut être aux colonies pour voir s'opérer sans effort le rapprochement des distances.

*
* *

De Saïgon à Tourane, en Annam, la distance se parcourt généralement en trois jours.

La traversée est presque constamment pénible pour les estomacs sensibles au tangage et au roulis.

Les orages et les typhons sont fréquents dans ces parages, et les ouragans acquièrent parfois une telle violence que des habitations sont détruites à de grandes distances de la mer.

Quand l'orage est sur le point d'éclater, on distingue dans le ciel un arc très étendu d'un gris sombre, bordé d'une frange de nuées claires. Puis, la pluie survient, torrentielle et parfois mêlée de grêlons : l'obscurité est profonde, la température relativement basse.

La durée de la tourmente est d'environ trois quarts d'heure ; après quoi, un calme subit se produit, la pluie cesse et l'obscurité se dissipe.

C'est une rafale de ce genre que nous avons eu à essuyer quelques heures après notre départ de Saïgon.

Nous étions nonchalamment étendus sur nos chaises longues placées à l'arrière du paquebot, et nous regardions monter dans le ciel, presque verticalement, la fumée sortant de la large cheminée du navire.

Pas de vent, par conséquent ni roulis, ni tangage. Nous avions la sensation de naviguer en rivière.

Cette béatitude ne devait pas durer longtemps.

Vers trois heures de l'après-midi, le commandant du paquebot nous montre, dans les profondeurs de l'horizon, un nuage à peine perceptible d'une nuance orangée et qui semble monter lentement de la mer.

— Messieurs, nous dit-il, si vous aimez la valse, vous serez satisfaits aujourd'hui. Voici le bal qui s'apprête, et j'entends déjà la musique qui prélude.

En effet, dans le lointain, le grondement du tonnerre assourdi par la distance, nous apporte les premières notes de l'ouragan.

En moins d'une demi-heure, le ciel est envahi et l'obscurité se fait autour de nous. Les éclairs se succèdent sans interruption, aveuglants, et le commandant donne l'ordre de dresser les paratonnerres.

Un instant après, les chaînes métalliques se déroulent le long des mâts et, passant par-dessus le bastingage, plongent dans les flots.

Nous sommes dans l'axe de l'ouragan, aussi le vent

soufflant avec violence a-t-il changé, en peu de temps, la surface calme des eaux en vagues qui déferlent contre le navire, couvrant le pont d'embruns.

Le roulis s'accentue de plus en plus, et, du haut de la dunette où je suis monté, j'aperçois M. Bollard qui se dirige en zigzaguant vers l'escalier des cabines. Je lui crie de là-haut :

— Eh bien, monsieur Boniface, vous allez appliquer votre remède contre le mal de mer ?

Mais notre savant ne m'entend point, le vent n'ayant sans doute pas apporté mes paroles jusqu'à lui.

Du point élevé où je suis placé, le spectacle est grandiose, toutefois la tempête prend une telle ampleur que le commandant m'engage vivement à regagner ma cabine.

Je sollicite la permission de n'en rien faire.

Il n'insiste pas et je lui demande encore :

— C'est un typhon ?

— Non, me répondit-il, nous ne sommes pas sur le passage ordinaire des typhons, mais je crois bien que c'en est une queue.

— Une queue de typhon doit en être une atténuation ?

— Si vous désirez un fait pour vous rendre compte des proportions de cette atténuation, je vous dirai que, l'an dernier, une queue de typhon a dévasté non seulement une partie du littoral de la Cochinchine, mais encore a produit, sur les rives du Mékong, c'est-à-dire très avant dans les terres, un ras de marée d'une hauteur de plus de quatre mètres.

Au moment où le commandant prononce ces derniers mots, le navire, sous la poussée d'un vent effroyable, prend de la bande sur bâbord dans une inclinaison telle que je manque d'être renversé.

Mais, en bateau bien équilibré, le navire se redresse cinq secondes après ; ce n'est point, toutefois, ce balancement gracieux qui charmera les passagers.

Il n'y a plus personne sur le pont, lavé à chaque instant par les embruns sautant par-dessus les bastingages.

A l'avant, le paquebot pique — selon l'expression maritime — « le nez dans la plume », produisant par instant le « coup de casserole », agréable mélange de roulis et de tangage, donnant la sensation que ressentirait une crêpe — si les choses avaient des sensations — au moment où on la fait tourner dans la poêle avant de la lancer en l'air.

La pluie commence à tomber, d'abord par gouttelettes, puis, peu à peu, devient torrentielle.

Le commandant me fait monter de sa cabine une peau de phoque, manteau d'une élégance contestable, mais dont j'apprécie, néanmoins, le côté pratique, car l'eau tombe avec une abondance extraordinaire.

Inutile de prendre la douche de l'après-midi. Avant d'avoir revêtu le vêtement imperméable, mon costume de toile est arrivé à son maximum d'absorption.

A un certain moment, un cri se fait entendre. C'est un marin de l'équipage qui, ayant touché la chaîne d'un des paratonnerres, vient de recevoir une violente commotion électrique. Elle lui engourdit bras et jambes pendant un moment.

L'orage semble redoubler d'intensité.

Les éclairs succèdent aux éclairs dix fois par minute, jaillissant de tous les points de l'horizon. La côte a depuis longtemps disparu, le commandant ayant fait prendre le large au paquebot. Le ciel semble en feu.

Autour de nous, la foudre tombe fréquemment, traçant dans les profondeurs de l'horizon des zigzags éblouissants.

Et, malgré l'effroyable roulis qui secoue le navire, j'admire l'officier de quart qui, sous sa peau de phoque, ruisselant comme un dieu marin, continue, calme, imperturbable, sa promenade de cinq pas devant l'habitacle de la boussole.

※

Le surlendemain, nous sommes à Nha-Trang.

C'est le premier port d'escale des bateaux se rendant de Saïgon à Haïphong. Le second est Qui-Nonh et le troisième Tourane, où nous devons débarquer, désirant explorer l'Annam avant de continuer notre montée vers le Tonkin.

A Nha-Trang, où nous nous arrêtons quelques heures, nous apprenons que le savant Dr Yercin, de l'Institut Pasteur, bien connu par ses remarquables travaux sur la peste, est absent. Nous comptons le voir au retour, car on nous apprend qu'il vient de découvrir, d'une façon irréfutable et à la suite d'expériences concluantes, le remède contre la peste bovine qui décime les troupeaux de buffles et de bœufs de l'Indo-Chine. On nous dit aussi que, la veille, le chef d'un village a été dévoré par un tigre, événement peu rare dans la région. On se souvient, à ce sujet, d'un incident tragique qui suscita quelque émotion dans la presse, il y a plusieurs années. C'est à Nha-Trang que M. Montagne, commis de résidence et fils de M. Édouard Montagne, l'ancien et sympathique délégué de la Société des gens de lettres, fut dévoré par un des fauves de la région, en se rendant à cheval, à la tombée du jour, au-devant d'un ami.

Le tigre est d'ailleurs l'hôte de toutes les forêts de l'Annam.

Un court arrêt à Qui-Nonh nous fait ajourner à notre retour une visite à cette ville.

Le cinquième jour après notre départ de Saïgon, nous étions à Tourane.

*
* *

En débarquant à Tourane, notre première visite est pour le résident, à qui nous faisons part de notre désir de nous rendre de suite à Hué, capitale du royaume, par le col des Nuages.

Le résident se met aussitôt à notre disposition et fait prévenir un chef de « tram » (on appelle ainsi les relais dans les villages indigènes) que nous désirons partir par la montagne, le lendemain à cinq heures du matin.

Comme moyen de locomotion, nous n'avons pas l'embarras du choix. Il n'y a, pour les soixante-quinze kilomètres à faire par la voie des montagnes, que la chaise à porteurs, et voici comment s'établit le voyage :

Vingt coolies sont mis à notre disposition pour porter nos personnes et nos bagages.

Tous les quinze kilomètres, les relais sont établis, de façon à changer nos porteurs. Comme prix : quinze cens, soit sept sous et demi par porteur et par quinze kilomètres. Voilà une profession qui n'apparaît pas, à première vue, comme très lucrative, et nous ne la recommanderons à aucun Européen.

Un peu avant le départ, nous comptons nos coolies :

Ils sont tous accroupis, sur deux rangs, le long bâton de bambou à la main. Chaque chaise a ses quatre porteurs ; les bagages sont chargés par la même méthode de suspension que les hommes ; la caravane part.

Il est alors cinq heures un quart du matin. La nuit s'efface déjà devant les premières clartés d'une aube un peu embrumée. La température est très douce. Nous avons environ 15° de chaleur, nous en aurons 35 à onze heures du matin.

LES COOLIES D'UN « THAM », ROUTE DU COL DES NUAGES.

Nous nous laissons porter dans nos fauteuils en rotin par quatre gaillards vigoureux qui tiennent la chaise, suspendue par une corde, au solide bambou traversant cette dernière et s'appuyant sur leur épaule.

La première impression du voyageur est plutôt pénible en se voyant porter ainsi par quatre hommes, et c'est sans nous être consultés que, M. Bollard et moi, nous descendons spontanément de nos chaises, au bas d'une montée d'un aspect rude.

Il paraît que certains colons n'ont pas de ces scrupules. Il y en a, nous a-t-on dit, qui ne descendent jamais de leur chaise.

Les coolies trouvent cela tout naturel. Peut-être apprécient-ils néanmoins le sentiment humain qui nous fait agir ; mais, comme ils parlent une langue incompréhensible pour nous, je ne formule ici qu'une appréciation basée sur des probabilités.

Pendant les 15 premiers kilomètres, la route traverse deux fois une large lagune formée par la mer et profonde de 35 centimètres à 1 mètre, aussi faut-il s'embarquer sur des pirogues pour arriver à l'autre rive. Les pirogues n'atterrissant pas directement sur le sable, des indigènes nous présentent le dos en nous invitant à y monter pour nous porter à terre.

Un noble guerrier, revêtu d'une superbe armure en osier, me présente ses épaules. J'y prends place, et aussitôt l'édifice s'écroule dans l'onde amère. Nous tombons tous les deux — lui dessous, Dieu merci (c'est mon égoïsme qui parle) ! Comme il n'y avait à cet endroit que 25 centimètres d'eau, je suis à peine mouillé : mais mon guerrier, qui s'est étendu à plat ventre dans la lagune salée, est trempé; son armure ruisselle, et il fait une tête à faire mourir de rire un hypocondriaque

M. Bollard lui dit d'un ton sévère :

— Alors, toi, vouloir noyer mandarin ?

Le guerrier, qui comprend, fait des révérences en élevant les mains jointes au-dessus de sa tête. Il avait espéré deux cens (un sou). Maintenant il craint la « cadouille », c'est-à-dire la trique.

Comme je ne suis salé que du côté gauche, car je n'ai touché que d'une épaule, mon côté droit plaide pour lui, et c'est en le rassurant que je l'invite... à ne plus m'offrir son concours pour la prochaine lagune de mer qui se trouve à cinq kilomètres.

* *

Au quinzième kilomètre, nous changeons de porteurs et nous entrons dans le massif des montagnes.

Ici le spectacle est superbe.

Nous suivons une route longeant un abîme à pic et qui va sans cesse en se creusant. Nous traversons des ponts en osier jetés sur des torrents ; à notre droite la vallée s'étend, vaste et profonde, avec de curieux effets d'ombre et de lumière.

En bas, à cinq ou six cents mètres, une plage de sable fin déroule sa nappe jaune enserrée dans une ceinture de rochers et faisant de ce coin de paysage une baie admirable. Le bruit de la mer monte jusqu'à nous, troublant seul le silence de ces lieux sur lesquels plane la mélancolie des solitudes.

Nos porteurs ont un peu la manie des mules de nos montagnes. Ils longent le précipice presque sur l'arête, au lieu de suivre la muraille de granit. Peut-être espèrent-ils donner ainsi à celui qu'ils portent la sensation désagréable du vertige. Ces coolies ont le sentiment vague des revanches contre l'Européen.

En tous cas, comme un faux pas de leur part les précipiterait les premiers au fond de l'abîme, on est assez facilement rassuré sur leur manifestation anodine, et on se laisse porter, s'emplissant les yeux de ce paysage impressionnant.

Au trentième kilomètre, nous sommes au col des Nuages, échancrure entre deux montagnes par laquelle défilent, sous la poussée du vent venant du large, de longs flocons de *cumulus* semblant attacher des masses cotonneuses au flanc de monts à l'aspect tourmenté!

Nous nous sommes munis d'une caisse de provisions, car nous savions n'arriver à Hué que le lendemain matin.

Nos coolies ouvrent la caisse, et, devant la large baie de forêts s'ouvrant vers la mer lointaine, ayant devant nous le profond abîme dont les flancs sont couverts d'une végétation broussailleuse, regardant filer autour de nous et au-dessus de nos têtes les nuages qui passent avec lenteur, embrumant les sommets de la montagne et nous dissimulant certaines parties de l'horizon, nous éprouvons la sensation profonde des isolements au milieu de cette nature sauvage qu'habite en maître le tigre, dès l'heure des rapides crépuscules de ces régions.

Aussi notre déjeuner, bien que nous ayant paru succulent, est-il abrégé, car il nous faut arriver au sampan, sur lequel nous devons nous embarquer, avant neuf heures du soir.

Ajoutons que, d'autre part, la mélancolie du lieu ne prédispose pas aux longues stations.

*
* *

Sept heures du soir ; dîner succinct à la lumière de branches de bois que l'on fait flamber autour de nous, et départ.

Nous sommes au soixantième kilomètre. Encore quatre lieux pour arriver à la barque chinoise.

La nuit est venue ; une nuit noire, sans étoiles.

La caravane est escortée par trois porteurs de torches.

Les coolies marchent rapidement, serrés les uns derrière les autres, ayant la crainte du tigre, dont on entend le cri rauque dans le lointain. Nos porteurs restent constamment dans le centre de lumière projetée par les torches.

Les kilomètres succèdent aux kilomètres. Nous descendons de temps en temps de nos chaises pour dégringoler des rochers à pic.

Les porteurs de torches nous montrent le chemin.

J'ai trouvé un excellent système de descente.

J'empoigne de la main droite l'épaule gauche d'un coolie, de la main gauche l'épaule droite d'un second indigène, et, avec une confiance parfaite dans la robustesse et la sûreté de mes porteurs, je me lance avec eux dans le vide, mes pieds posant n'importe où, et parfois même ne reposant sur rien.

C'est de la gymnastique un peu risquée.

Un faux pas d'un de mes soutiens, et je roule dans le vide à des profondeurs que mes yeux ne peuvent apprécier.

Fort heureusement, il n'arrive aucun accident.

Tous ces coolies ont le pied sûr et l'œil vigilant. Ils exécutent, à chaque pas, des tours de force, sans en avoir conscience.

Nous arrivons ainsi au bas de la montagne.

Nous remontons en chaise quand nous devons traverser des rizières inondées.

Enfin, à dix heures du soir, ayant de l'eau jusqu'à mi-cuisse, nos porteurs arrivent au bateau chinois qui doit nous conduire à Hué.

Nous nous embarquons sur le sampan : une natte chinoise nous sert de matelas, et dans la nuit, bercés par la chanson annamite que psalmodie un des pagayeurs, nous nous endormons profondément, ayant encore dans les yeux la vision de l'impressionnant coin de pays que nous venons de traverser.

Le palais de l'empereur d'Annam.

CHAPITRE XV

A LA RECHERCHE D'UN INSECTE NOURRISSANT. — LA VILLE DE HUÉ
VISITE AUX TOMBEAUX DES ROIS. — GIA-LONG, MINH-MANG ET TU-DUC.

Faire soixante-quinze kilomètres en montagne, même en chaise à porteurs, et dormir ensuite en sampan, sur une natte chinoise, constitue un moyen de locomotion parfois agréable, mais incontestablement fatiguant.

Le sampan est une barque couverte, à sa partie centrale, par une toiture de paille, arrondie en demi-cylindre et ouverte à chacune de ses extrémités.

Pour prendre place dans cette barque, il faut se glisser à plat ventre sous la toiture. On peut s'y tenir assis à la condition de conserver la tête inclinée sur la poitrine.

Impossible de quitter cette posture humiliée sans risquer de crever la toiture si l'on a le crâne dur, ou de se faire une bosse en heurtant les cerceaux en rotin qui soutiennent l'édifice.

Il convient, en pareil cas, de se résoudre à la position horizontale, et c'est celle que mes camarades de voyage et moi adoptons pendant les dix heures de navigation que doit supporter tout Européen se rendant, par le col des Nuages, de Tourane à Hué.

Nous commencions à dormir, lorsque M. Bollard pousse une exclamation qui nous fait ouvrir les yeux et les oreilles.

— Eh bien! qu'y a-t-il? demandai-je.

— Est-ce l'*Ixode ricinus*, autrement dit : pou de bois qui me taquine, ou bien est-ce le *Belostoma indicum?*

— Le problème est grave, mais, si vous m'en croyez, dormons, et demain matin nous élucideron la question.

— Vous en parlez à votre aise, vous, que les insectes laissent en repos.

— Hélas! tout le monde n'imite pas les insectes!

— Je vous conseille de vous plaindre! Malgré moustiques, cousins, cancrelats et le reste, vous avez des sommeils d'une sécurité déconcertante. Et avec cela, vous ronflez comme un bourdon.

— Vraiment!

— Si encore, vous ronfliez juste!

— Comment!... en ronflant, je détonne?

— Oui, et c'est ce qui m'étonne.

— Monsieur Bollard, vous faites des mots, vous, un homme grave, un savant?

— Je n'y songe guère. D'abord je ne suis ni savant ni grave, et en ce moment je pense uniquement à savoir si les insectes qui hantent ce sampan appartiennent bien à cette catégorie d'annilés dont je vous ai dit le nom.

— Ah! oui!... le *Belostoma...*

— *Indicum*, oui, Monsieur!

— Et dans le cas où il en serait ainsi ?

— Eh bien, je leur ferais la chasse, et demain je vous en offrirais, pour votre déjeuner, une friture.

— Vous plaisantez sans doute ?

— Pas le moins du monde. Les indigènes raffolent de ce plat. Ils mangent ces insectes frits dans la graisse, et je me suis laissé dire que ce mets était tout simplement délicieux.

— Alors, c'est une préoccupation... comment dirais-je, gastronomique, qui vous tient ainsi en éveil à une heure où nous devrions tous dormir ?

— Dormir !... Hélas ! je n'y songe guère. A travers la natte de paille sur laquelle je suis étendu, je pourrais, sans faire un mouvement, compter les clous des planches du bateau ; autour de moi sifflent des moustiques, et sur mes jambes il me semble sentir se promener des légions de chenilles.

— Je vous en prie, n'insistez pas. Votre agréable description me donne des démangeaisons. Bonne nuit, M. Bollard.

— Le souhait est ironique.

Je ne réponds rien à M. Boniface, qui aurait grande envie de prolonger la conversation toute la nuit, convaincu qu'il est de l'impossibilité, pour lui, de trouver le sommeil.

Peu à peu, mes paupières se ferment, et, dans l'engourdissement qui me gagne, il me semble entendre bourdonner autour de moi des milliers de moustiques, et j'ai la sensation qu'à mon côté M. Boniface s'agite à la recherche de son *Belostoma indicum*.

*
* *

Après une nuit passée dans ces conditions, nous arrivons dans la capitale de l'Annam, courbaturés et ayant l'impression d'avoir, dans les jarrets, plusieurs nids de fourmis.

On nous extrait de notre bateau chinois en nous tirant d'abord horizontalement par les pieds ; puis on nous dresse verticalement pour nous permettre de reprendre l'attitude convenant à des bipèdes ayant le sentiment de leur dignité et de leur équilibre.

Trois kilomètres à pied rétablissent la circulation dans nos membres ankylosés et nous arrivons chez le sieur Bogaert, hôtelier-aubergiste, industriel et commerçant, ayant pignon sur route et nombreuses piastres en son coffre-fort, comme il convient à un colon sachant faire ses affaires.

M. Bogaert, qui jadis habitait Calais (il est resté d'ailleurs l'abonné du *Petit Calaisien*, dont les numéros s'étalent sur les tables à côté du *Monde Illustré* et du *Courrier de Haïphong*), M. Bogaert nous donne des chambres bien tenues (chose rare en Indo-Chine) et un déjeuner français tout à fait réconfortant, avec du vrai Bordeaux, s'il vous plaît !

Que Bouddha soit propice à cet homme de bien !

Après une visite au résident, nous prenons, sur les conseils de ce dernier, nos dispositions pour partir le lendemain, à six heures du matin, dans la chaloupe du Gouvernement, aux tombeaux des anciens rois de l'Annam.

Ces monuments sont situés sur les rives de la rivière de Hué, à quelques heures de navigation.

En attendant, nous visitons Hué.

*
* *

La ville est séparée en deux fractions par la rivière, très large à cet endroit.

Nous devons nous réembarquer en sampan pour visiter successivement les deux quartiers de la ville, car il n'y a pas encore de pont à Hué.

TOMBEAU DE TU-DUC.

De l'autre côté de l'eau se trouve le palais du roi et la ville annamite qui contient, comme toutes les villes indigènes de l'Extrême-Orient, un quartier chinois, point central de toutes les affaires commerciales.

Le Palais, très vaste, renferme plusieurs corps de bâtiment et fait partie d'une citadelle dont les murs crénelés l'entourent de toutes parts.

Vue de l'extérieur, la demeure de Sa Majesté Than-Tai ne présente pas un caractère très original.

C'est la lourde et massive architecture asiatique avec des dragons sur le sommet des portiques et des sculptures quelque peu naïves le long des murailles.

Comme nous savons être reçus par le roi le surlendemain, nous ne nous attardons pas à visiter le Palais, et nous parcourons la ville indigène en pousse-pousse, véhicule en usage dans toute la capitale.

Seuls, les hauts personnages ont des voitures, mais elles ne sont pas à la disposition du public, comme on peut le penser.

La ville de Hué est d'un aspect assez pittoresque avec ses paillottes, son marché, ses files de boutiques indigènes et son caractère essentiellement annamite.

Il y a ici très peu d'habitations européennes. On sait que notre civilisation occidentale n'a pas eu le temps de poser sa forte griffe sur cette région, et c'est peut-être en cela que l'Annam est, des quatre contrées indo-chinoises, la plus pittoresque et la plus curieuse à visiter.

Après trois heures d'exploration en « pousse-pousse », nous repassons la rivière et nous nous rendons à la résidence, où le Résident supérieur nous offre un dîner de compatriote. Nous nous trouvons à table, en compagnie de M. le Dʳ Jeanselme, qui, chargé d'une mission du ministère de l'Instruction publique, vient étudier la lèpre en Indo-

Chine, et de M. le Dʳ Pethélaz, médecin du roi, auprès de qui j'étais personnellement recommandé par mon ami M. le Dʳ Calmette, le savant directeur de l'Institut Pasteur de Lille.

Le lendemain, départ pour la région des tombeaux.

*
* *

On se ferait difficilement en Europe une idée du caractère de grandeur qu'ont les tombeaux des rois de l'Annam.

Chaque souverain, de son vivant, fait construire le monument qui doit recevoir sa dépouille mortelle.

Une description du tombeau de Gia-Long en donnera une vague idée.

Après cinq heures de navigation, nous abordons en pleine forêt, auprès d'un large chemin s'enfonçant sous des arbres de hautes futaies. La route est jalonnée par des pierres énormes taillées en forme de cônes.

De temps en temps, des paons sauvages passent à tire d'ailes au-dessus de nos têtes, et quelques singes gambadent joyeusement dans les branches.

Après vingt minutes de marche, nous arrivons au bord d'un vaste étang entouré d'une balustrade en marbre taillé.

Sur la surface des eaux, le nénuphar étend ses larges feuilles vertes et, sur les bords, la fleur de lotus s'épanouit, mêlant ses teintes à celles de l'hibiscus empourprant les bords de l'étang.

Sur l'un des côtés de la nappe d'eau, s'ouvre un escalier de marbre, de cinquante à soixante mètres de largeur, s'étageant en terrasses superposées par fractions de sept marches.

A la dernière terrasse supérieure, se dressent de chaque côté, en ligne et formant, en quelque sorte, un vaste chemin conduisant au tombeau : un éléphant en granit, un cheval de bataille, caparaçonné en guerre, trois mandarins militaires et deux mandarins civils.

Toutes ces figures sont de grandeur naturelle et taillées chacune dans un seul bloc de pierre. Ce sont les gardiens symboliques du tombeau.

Un escalier plus étroit conduit ensuite à la porte d'une enceinte assez vaste, entourée d'une haute muraille.

Sur la porte, les scellés royaux sont apposés.

C'est dans cette enceinte où nul profane ne peut pénétrer que se trouve la tombe du roi Gia-Long. Le monarque régnant a seul le droit d'y entrer, ce qu'il fait une fois par an, en grande solennité et en ayant soin de refermer sur lui, une fois dans l'enceinte, la lourde porte du mausolée.

On affirme que la dépouille du souverain n'est pas dans la tombe même, mais dans un des coins de ce jardin mystérieux, connu seulement du roi et de la famille royale.

Cette précaution a pour but d'empêcher plus tard, en cas de révolution, la dispersion des cendres du défunt.

*
* *

Ce qui frappe le voyageur venu dans cet endroit isolé, coin perdu au milieu d'une végétation touffue qui croît au hasard sans que la main de l'homme s'y révèle, c'est la paix profonde planant autour de ce tombeau élevé en l'honneur d'un des plus grands rois de l'Annam.

Loin des regards et assez éloigné de la ville pour que rarement un curieux vienne promener ses pas dans cette solitude, le vieux monarque dort là, dans ce site étrange que troublent seuls les cris de paons sauvages et la voix rauque des tigres qui, une fois le soleil couché, descendent de la brousse voisine et viennent boire l'eau de l'étang sacré qu'alimente une source mystérieuse.

Ce sont là les visiteurs ordinaires du tombeau, et la superstition annamite veut que la nuit les tigres soient les gardiens de la dépouille de Gia-Long.

Quoi qu'il en soit, personne n'oserait se hasarder la nuit dans cette solitude où, pendant le jour, les rayons du soleil eux-mêmes pénètrent peu, arrêtés par les branches touffues des hauts banians dont le feuillage a de longs frémissements berceurs quand souffle la brise.

Nous avons visité le même jour les tombeaux des rois Minh-Mang et Thieu-Try ; le lendemain, le tombeau de Tu-Duc. Nous avons retrouvé partout la même impression de grandeur, mais nulle part le sentiment mélancolique produit par la vision des solitudes éternelles ne nous a saisi avec plus d'intensité qu'au tombeau de Gia-Long.

*
* *

Pendant nos trois jours de séjour à Hué, nous continuons la visite aux tombeaux des rois. Ces tombes sont placées à une grande distance les unes des autres et se ressemblent toutes au point de vue de la conception d'ensemble.

Nous remarquons toutefois, au tombeau de Tu-Duc, un vaste bâtiment en bois placé au bord du grand étang et accédant directement à ce dernier par deux escaliers dont l'extrémité plonge dans l'eau. C'est, ou plutôt c'était, la salle de bains des femmes du monarque.

Dans l'immense salle se trouvent des lits de repos recouverts de nattes tressées et, au milieu, le lit du roi, très large et fort curieusement sculpté.

Depuis la mort du roi (1883), personne n'habite plus cette

maison. Des frêlons y ont installé leur domicile, partageant l'habitation abandonnée avec des lézards de petite espèce (des margouillats) qui couvrent les murailles.

En sortant de là et dans la direction du tombeau se trouve une stèle de marbre dressée verticalement, sur laquelle sont inscrits les états de service du défunt. La stèle est placée au centre d'un petit édifice ouvrant sur deux côtés et très haut de plafond. Les chauves-souris s'y donnent rendez-vous et troublent de leurs cris aigus la solitude du lieu.

Un groupe d'Annamites.

CHAPITRE XVI

LES ARÈNES DE HUÉ. — UNE VISITE AU COLLÈGE ANNAMITE.
LES FONCTIONNAIRES DE L'ANNAM.

Notre visite au tombeau de Tu-Duc clôt nos promenades aux mausolées royaux. En sortant de là, nous nous rendons aux arènes, situées à peu de distance.

Ces arènes, destinées à des luttes de tigres contre des éléphants, se composent uniquement d'une vaste muraille circulaire très élevée, au sommet de laquelle le peuple s'entasse debout, pour assister aux intéressants combats du redoutable fauve de l'Annam contre le lourd et puissant mastodonte.

Dans l'intérieur de l'enceinte se trouve une porte par laquelle l'éléphant est introduit; trois cages placées dans la muraille renferment les tigres.

Aussitôt l'éléphant dans la place, une des cages est ouverte, et le combat commence. Il paraît que la lutte est généralement intéressante, et comme l'ennemi constant est, dans ces régions, le tigre (les indigènes l'appellent *kop*, par analogie au cri spécial du tigre chassant sous bois), tous les vœux du public sont en faveur de l'éléphant.

Il arrive parfois que ce dernier est tué; dans ce cas, les spectateurs réclament en poussant des cris la mort du *kop*.

On nous raconte qu'un jour l'éléphant, ayant pu saisir le tigre par le cou, l'envoya d'un tour de trompe par-dessus la muraille; le *kop* vint tomber au beau milieu du public; les miliciens accoururent pour tuer le fauve, mais, avant leur intervention, le tigre furieux s'était déjà offert un indigène dont il avait ouvert la gorge.

Des incidents de ce genre ne diminuent en rien la curiosité, toujours en éveil, des Annamites, qui se plaignent de n'avoir pas eu de luttes aux arènes depuis déjà plusieurs années.

*
* *

Nous remontons en voiture et nous allons visiter le collège annamite.

Cet établissement d'instruction, de création récente, s'appelle en langage indigène : le *Quoc hoc* (*Quoc*, collège; *hoc*, national).

C'est un Français, M. Nordemann, professeur au collège des interprètes, qui en est le directeur.

Nous visitons les classes. Elles sont au nombre de sept.

Une de ces classes est réservée aux fils de princes et de mandarins. On y apprend le français et aussi la lecture des livres sacrés.

Dans les classes élémentaires, on étudie pour devenir *tu-tai* (bachelier).

Les classes d'un rang supérieur préparent au grade de licencié : *cûn-hon*. La classe élevée fait des *tam-si* (docteurs).

Le simple grade de licencié donne droit au titre de mandarin de 7ᵉ classe.

Nous assistons au cours et nous entendons lire les livres de Confucius sur un ton chantant.

Il y a cinq notes qui donnent chacune un sens différent au même mot.

M. Nordemann nous explique que la langue chinoise possède 214 radicaux, qui forment, en quelque sorte, la clef de la langue du Céleste-Empire.

Pendant que parle le directeur du *Quoc-hoc*, M. Boniface prend des notes. Compte-t-il aussi apprendre le chinois ?

— On n'arrive guère, nous dit M. Nordemann, à connaître à peu près la langue chinoise écrite qu'après vingt-cinq ou vingt-huit années d'études.

On comprend combien est difficile dans ces conditions le développement de ce peuple dont les savants passent leur vie à apprendre ce que savaient leurs prédécesseurs, sans chercher à étendre les connaissances acquises. D'ailleurs ils n'en ont pas le temps. Une existence suffit à peine pour connaître tous les signes de cette langue idéologique.

*
* *

Ce qui, dans l'enseignement donné au collège annamite, nous intéresse surtout, c'est l'enseignement de la langue française, et à ce point de vue M. Nordemann a réussi d'une façon tout à fait remarquable.

Nous pouvons très aisément converser en français avec tous les professeurs indigènes et avec la plupart des élèves des classes supérieures.

D'autre part, l'enseignement de la langue annamite (cette langue est écrite en caractères chinois) se développe considérablement à l'heure actuelle. Tous les fonctionnaires de l'Indo-Chine ont un délai de deux années pour apprendre l'annamite.

Le gouverneur ne nomme au grade supérieur dans l'administration que ceux qui ont subi avec succès l'examen de cette langue.

Les rapports plus fréquents et plus directs qui se produisent depuis quelques années entre fonctionnaires et indigènes rendent d'ailleurs absolument nécessaire à l'administration française, la connaissance des dialectes de la région. Aussi s'explique-t-on la décision du gouverneur général.

*
* *

Puisque nous venons de parler du collège annamite, il n'est pas sans intérêt de dire quelques mots, à titre de comparaison, sur ce qui se passe en matière d'instruction, en Chine, c'est-à-dire dans la contrée voisine.

Chez les Chinois, l'instruction est obligatoire. Le 1er degré, correspondant à notre baccalauréat, s'appelle *talent fleuri;* le 2e degré, qui équivaut à la licence : *homme supérieur;* le 3e degré (doctorat) : *puits de science, forêt de littérature.*

Les Chinois ne sont point, en général, avares d'épithètes superbes, de qualificatifs somptueux.

Ainsi, lorsque deux Chinois se rencontrent à une porte, c'est à qui ne passera pas le premier. L'un dit à l'autre :

— Jamais ma mesquine personne, ma médiocrité ne saurait prendre le pas sur vous, lumière de l'esprit, soleil de raison, lune de sagesse.

Et ils en ont ainsi pour dix minutes à se congratuler et à se confondre en *lays* (saluts) profonds et variés.

Les mœurs et les usages du peuple chinois ont nécessai-

RIVIÈRE DE HUÉ.

rement exercé une grande influence sur tous les peuples de l'Indo-Chine, auxquels, d'ailleurs, les Chinois sont intimement mêlés.

Impossible d'aller en Cochinchine, au Cambodge, en Annam, sans rencontrer dans les villes le quartier chinois, centre actif du commerce, et dans les villages les boutiquiers chinois, qui accaparent presque tout le négoce du pays.

Par contre, il y a très peu de sémites dans toute l'Indo-Chine. L'israélite trouverait ici une concurrence trop redoutable, le Chinois, ayant comme le juif, le sens développé des affaires commerciales et l'esprit pratique.

Chose à remarquer : la présence du Chinois n'apparaît pas, en Indo-Chine, comme une calamité publique. On se rend parfaitement compte de la somme de vitalité qu'il apporte dans ces contrées, aux civilisations anciennes mais un peu éteintes, et personne ne songe à arrêter ce qu'on a appelé : « la lente invasion chinoise », cette invasion se produisant, en réalité, au profit de la colonie et dans l'intérêt de son développement commercial.

*
* *

En sortant du collège de Hué, nous rencontrons M. Duranton, résident, qui nous apprend que Sa Majesté Thanh-Tay, empereur de l'Annam, nous recevra le lendemain, à cinq heures, au Palais.

Par une faveur particulière et jusqu'alors sans précédent, Sa Majesté ayant appris, par le résident, que nos vêtements de cérémonie (c'est-à-dire l'habit noir et la cravate blanche) étaient restés à Tourane avec nos malles, consentait à nous recevoir avec nos vestons de toile. Ceux-ci, boutonnant jusqu'au cou, dissimulaient l'absence de col, de chemise et de cravate, un simple tricot de fil tenait lieu de toutes ces choses.

Dans ces climats, les Européens ont adopté cet usage, la chemise la mieux empesée ne résistant pas à une heure de transpiration.

Le soir, au dîner, nous questionnons M. Duranton sur la façon dont l'empereur d'Annam administre ses sujets. Voici les détails que le résident nous donne complaisamment :

Sa Majesté Thanh-Thay est considérée par ses sujets comme un intermédiaire entre eux et le ciel!

Il est par conséquent le chef du culte, à la manière du sultan turc, qui est le grand pontife de l'Islam.

Mais le souverain n'est pas, ici, le maître absolu. Un conseil de censure surveille ses actes et a le droit de lui présenter des observations.

Il existe également un conseil secret le *Comat Vien* qui se compose des six ministres et de quelques hauts fonctionnaires.

M. Bollard demande s'il est exact que toutes les fonctions publiques soient le résultat d'un concours?

— Ce n'est pas un principe absolu, répond le résident, mais ce qui est vrai, c'est que tous les diplômes d'instruction s'acquièrent au concours et donnent des titres au mandarinat, qui comporte sept degrés.

Le titre équivalent à celui de licencié donne en même temps le titre de mandarin de dernière classe.

Détail intéressant : La solde annuelle des mandarins se fait moitié en argent, moitié en riz.

— Existe-t-il ici, dans l'administration indigène, des fonctionnaires répondant à nos préfets et sous-préfets?

— Certainement, nous dit M. Duranton, et voici comment se répartissent les fonctions dans le royaume :

Les trois fonctionnaires du plus haut rang sont :

Les *Tong-Doc*, mandarins de première classe gouvernant une province importante ;

Les *Thuan-Phu*, mandarins du deuxième degré ; les *Boc-Chan*, mandarins de troisième classe chargés de la perception de l'impôt.

Les fonctionnaires du service judiciaire s'appellent les *An-Sat* ; les mandarins militaires, généraux de divisions, sont les *Dé-Doc* ; les généraux de brigade, les *Lanh-Bing*. Les préfets s'appellent *Tri-Phu* ou *Quan-Phu* ; les sous-préfets, *Tri Huyen* ou *Quan-Huyen*.

Le résident supérieur de France préside aux relations extérieures du royaume. Il a le droit d'audience personnelle et privée auprès du souverain. Toutes les provinces de l'Annam sont administrées par des fonctionnaires indigènes ; mais ces derniers sont placés sous le contrôle des résidents et vice-résidents français.

Nous remercions M. le résident des explications qu'il a bien voulu nous donner, et M. Boniface, dont les changements de latitudes et de climats n'altèrent en rien le caractère, lui dit alors :

— Vous nous avez annoncé que nous serons reçu demain par Sa Majesté. Aura-t-il autour de lui ses principaux mandarins ?

— Tous les ministres y seront, à l'exception de celui des Rites. Vous verrez, du reste, tout le mandarinat groupé sur le perron de la cour d'honneur, les troupes formeront la haie dans les trois cours précédentes.

— Ce sera très pompeux, répond M. Bollard. En attendant, je ne suis pas fâché d'apprendre que je vais faire la connaissance des *Tong-Doc*, des *Thuan-Phu*, des *Boc-Chan*, etc., sans parler des ministres.

— Et de l'empereur, que vous oubliez, monsieur Bollard.

— Un mot encore : Est-ce qu'ils acceptent des pourboires soit sous la forme de pièces de monnaies, soit sous celles de poignées de riz ?

— Plaisantez-vous. Des Tong-Doc, recevoir...

— Dame ! on ne sait jamais. Il y a quelques années en visitant, à Tunis, le palais de Kassar-Saïd, un colonel de la garde beylicale m'a bien tendu la main en creux dans un geste d'appel à mon porte-monnaie. J'ai risqué 100 sous ; j'ai eu trois révérences. Il paraît que d'habitude on leur donne entre 40 sous et 3 francs. Aussi, depuis cette époque, quand je m'aventure dans des pays exotiques, je m'enquiers toujours des usages de la contrée.

— Ici, vous n'avez rien à donner, répond en riant le résident. Jamais un mandarin n'accepterait la moindre gratification, à moins...

— A moins que ?

— Personne ne puisse le voir et, par conséquent, révéler le fait.

A ce moment M. Bollard prend son carnet, écrit quelques lignes et je lis par-dessus son épaule :

« Les Asiatiques ont des qualités différentes de celles des races blanches, mais ils ont une partie de nos défauts, entre autres...

— M. Bollard, lui dis-je, vous calomniez vos concitoyens.

— Pas du tout, rispote M. Boniface, je parle du grand-duché de Gérolstein.

Comme nous ne devons être reçus par Sa Majesté Thanh-Thay, qu'à cinq heures du soir, nous profitons de notre après-midi pour aller visiter de nouveau la ville annamite.

Deux de nos concitoyens rencontrés à Hué, MM. Henri Turot et Gaston Donnet, nous accompagnent et s'embarquent sur le sampan qui nous traverse sur la rive gauche.

Nos boys et leurs pousse-pousse nous suivent dans un autre bateau.

En débarquant sur l'autre rive, nous nous installons chacun dans un pousse-pousse, un boy se place dans les brancards, qu'il empoigne vigoureusement, et nous voilà partis dans la direction de la vieille cité avec une vitesse qu'ignoreront toujours les chevaux de fiacre parisiens.

SUR LA RIVIÈRE DE HUÉ.

CHAPITRE XVII

EN POUSSE-POUSSE A TRAVERS LES RUES DE HUÉ. — LES MARCHANDS ANNAMITES. — UNE AUDIENCE DE L'EMPEREUR THANH-THAY. — LES FUNÉRAILLES D'UN MANDARIN.

Une noble émulation s'est emparée de nos coursiers à deux pieds. Ils filent comme le vent, en essayant mutuellement de se dépasser, et peu à peu notre caravane prend les allures d'une course folle.

Nous entrevoyons, à chaque tour de roue, la perspective d'une chute probable, et nous attendons, non sans une certaine appréhension, l'heure de la dislocation du véhicule d'abord et de son contenu ensuite.

Impossible de modérer le zèle *trottif* (pardon du mot) de nos gaillards.

Ils ne comprennent pas un mot de français, et notre interprète, emporté par un boy très entraîné et qui fait ses 15 kilomètres à l'heure, nous a depuis longtemps distancé.

La vérité — nous l'avons su plus tard — est que nos boys ont engagé un pari entre eux. Ils ont organisé — sans nous en prévenir, bien entendu — un sport nouveau dont nous risquons de payer les frais de diverses façons.

C'est dans ces conditions que nous arrivons, à la queue leu-leu, auprès d'un pont de bois très arqué et dont les pentes rapides rappellent un peu les montagnes russes de nos foires.

Il faut, si l'on veut parvenir à la crête, prendre un vigoureux élan, à 20 mètres de là, et arriver sur l'obstacle à toute vitesse.

Nous comprenons l'opération au moment où notre boy se lance à fond de train sur la pente.

La montée dure seulement quelques secondes, mais on a, d'une façon très nette, la sensation que, si le boy manque de vigueur pour se hisser au sommet de la courbe ogivale, on va dégringoler en arrière avec lui, au petit bonheur... à moins qu'il ne lâche les brancards, auquel cas on descendrait tout seul, jusqu'à la minute suprême de la cabriole inévitable.

Fort heureusement, rien de ce genre ne se produit. Nous montons péniblement et nous redescendons avec une rapidité vertigineuse, mais la catastrophe est évitée.

En arrivant en ville, nous quittons chacun notre véhicule pour voir de plus près les boutiques annamites et les habitants, qui circulent nombreux à travers les rues.

Il y a là une animation extraordinaire et dont nous étions loin de nous douter.

La population indigène dépasse 50.000 habitants. Il n'y a guère dans la capitale de l'Annam plus de 30 Européens; environ 500 Chinois, tous commerçants, occupent les boutiques, longeant le canal qui traverse la ville.

La plupart des rues sont des voies étroites, bordées d'habitations d'aspect misérable; les paillottes y sont plus nombreuses que les constructions en bois.

Hué est peut-être, au point de vue pittoresque, la ville indo-chinoise ayant le mieux conservé son caractère indigène.

Près du pont se trouve le centre de la menuiserie. Toutes les devantures de boutiques renferment des cercueils de toutes les dimensions, de tous les bois et de tous les prix, spectacle macabre auquel nous ne nous attardons pas.

Un peu plus loin, on rencontre toutes les variétés des produits de l'Annam et parfois dans un même magasin.

J'entre dans quelques boutiques pour y acheter des bibelots d'un caractère original.

Partout on m'offre des cigarettes et on m'accueille avec un engageant sourire.

Il est d'ailleurs dans les mœurs du peuple annamite d'être serviable et courtois, et j'avais déjà remarqué, en traversant les montagnes, le caractère hospitalier des habitants de ces régions. Dans tous les villages existe une case en planche, dont la porte est ouverte à tout voyageur désirant se reposer ou se mettre à l'abri.

Les marchands ne sont pas moins avenants que les indigènes des campagnes.

On peut séjourner plusieurs heures dans une boutique annamite, examiner en détail, retourner tous les produits mis en vente, fumer les cigarettes du propriétaire, se faire servir par lui de l'eau si l'on a soif, du thé s'il est riche, et ne rien acheter.

Le sourire de l'accueil ne sera pas différent de celui qui vous saluera au départ.

Certaines boutiques annamites ont une vague ressemblance avec ces déballages européens où les marchands de bric-à-brac exhibent une extraordinaire variété de choses.

Je me souvenais, en parcourant la série des objets mis en

vente, de ces maisons du quartier latin, à Paris, où l'on vend à la fois des timbales en ruolz, des couverts en fer-blanc, des peaux de lapins, des chapeaux, des caïmans empaillés, des objets d'arts, de la faïence, des souliers, des pendules et jusqu'à des boîtes de conserves.

Ici, la variété est moins grande, mais l'intention de vendre de tout est néanmoins visible.

C'est ainsi que je puis me procurer, chez le même négociant, une pipe d'opium, en écaille, un éléphant en argent provenant du service à bétel d'un mandarin de haut rang et un gong de bronze dont mon ami Émile Ratez, directeur du Conservatoire de Lille, fait depuis lors un bruyant usage, lorsque cet instrument a son utilité dans une interprétation orchestrale.

Après une longue promenade à travers les boutiques chinoises et annamites, nous remontons en pousse-pousse pour nous rendre au palais du roi.

La demeure du souverain de l'Annam se trouve enclavée dans la citadelle, immense construction carrée de 2.000 mètres de côté et qui date de la fin du xviiie siècle.

Ce sont des officiers français appelés à cette époque par le roi Gia-Long qui ont élevé cette forteresse.

La citadelle est entourée d'eau de tous côtés : par la rivière de Hué sur une des faces, par le canal de Dong-Ba sur la face opposée, et sur les autres côtés par des fossés profonds constamment inondés.

De curieux miradors surmontent les portes. L'ensemble de l'édifice est important par ses dimensions, mais d'un aspect peu agréable.

De l'autre côté de la rivière, à une certaine distance, s'élève une colline formant une sorte de trapèze régulier couronné d'une rangée d'arbres.

C'est la « montagne du roi », écran destiné, dans la pensée

des Annamites, à protéger le monarque contre les mauvais esprits venus des pays lointains.

Ce genre de collines, qui semblent faites de terres rapportées, existe également devant les anciennes demeures des rois de l'Annam.

Quelques jours auparavant, en remontant la rivière pour aller visiter les tombeaux de Minh-Mang et de Tu-Duc, nous avions aperçu déjà, sur la rive droite et à quelque distance de la tour octogonale de Confucius, ce trapèze symbolique.

*
* *

L'heure de notre audience est arrivée.

Nous nous présentons à la porte du palais accompagnés par M. Duranton, résident, remplaçant le résident supérieur, M. Boulloche, parti pour Tourane, où nous devons le retrouver dans quelques jours.

M. Bollard, qui prétend n'avoir aucun besoin de thermomètre pour connaître la température ambiante à un degré près, affirme, en s'épongeant le front, que nous transpirons par 37° Centigrades.

Nous sommes couverts de poussière, et il est fort heureux que nous ayons des costumes et des souliers en toile, car les éclaboussures des roues de notre pousse-pousse, peu visibles sur le fond blanc de nos vêtements, nous rendraient toute visite au souverain impossible, avant de nous être fait donner un vigoureux coup de brosse. Néanmoins nous hésitons, mais le résident nous affirme que nous sommes très présentables ainsi. Et puis... nos brosses sont de l'autre côté de la rivière, et nous voulons éviter à Sa Majesté qu'elle puisse dire, pastichant Louis XIV :

— J'ai failli attendre.

Nous traversons trois vastes cours ; de chaque côté, des

soldats placés sur un rang forment la haie. Dans la dernière cour, les mandarins, groupés, nous attendent sur les marches du palais intérieur et, très gravement, nous dirigent, par une large galerie, vers l'endroit où nous attend Sa Majesté l'Empereur d'Annam.

Ce dernier nous reçoit à la porte et, après une cordiale poignée de main, nous conduit à une table dominée par un trône de belle allure, mais qui, paraît-il, est simplement le trône des réceptions privées.

Sur la table, des coupes de cristal et des boîtes de cigares nous indiquent que Sa Majesté a l'intention de nous recevoir beaucoup moins solennellement que ne l'indiquaient les haies de miliciens et de mandarins groupés dans la cour du palais.

L'empereur nous invite à nous asseoir; le bruit d'un bouchon de champagne qui saute nous avertit que nous allons boire en causant, et un vieil interprète à la barbe rigide et longue, après avoir fait un profond salut, tend l'oreille dans notre direction pour entendre ce que nos lumières vont distiller à Sa Gracieuse Majesté Than-Thai.

Nous débutons par les banales formules de politesse. Le monarque nous rend avec grâce et par son interprète ce que j'appellerai irrévérencieusement « la monnaie de notre pièce », et, pendant que son interprète nous transmet la haute pensée royale, nous observons le jeune souverain.

Than-Thai a vingt et un ans; il est de taille plutôt petite; son allure ne manque point d'une certaine grâce, mais son visage ne reflète pas l'empreinte de pensées élevées.

Nous avons rencontré souvent, dans les rues des villes et des villages annamites, des physionomies d'aspect infiniment plus royal. Il nous écoute, la bouche ouverte, et semble plutôt un élève faisant, sous l'œil des mandarins ses maîtres, un apprentissage de son rôle de monarque.

Réception chez un mandarin.

Il paraît qu'avant d'être roi, le jeune Than-Thai allait tous les jours en forêt, pour y casser le bois nécessaire à la cuisine de sa mère. Ce monarque a eu des débuts pénibles. Petit-fils de Tu-Duc, il se sentait constamment menacé par l'usurpateur, qui le réduisait à la misère en attendant sans doute qu'il le fit assassiner.

Aujourd'hui que Than-Thai est empereur, il se venge de ses misères d'enfant chaque fois qu'il le peut. On le dit cruel. On rapporte que, par fantaisie, il a tué déjà, à coup de revolver, quelques-uns de ses serviteurs et plusieurs de ses femmes.

Il ne craint que deux choses au monde : l'esprit de ses ancêtres et celui de M. Boulloche, résident supérieur en Annam, qui tient les cordons de la liste civile et menace à chaque incartade du souverain, de la lui fermer.

Than-Thai, après nous avoir causé pendant une demi-heure, par le canal de son interprète, nous reconduit à la porte de la salle et nous demande de le *photographier*.

M. Bollard, homme prévoyant, a eu l'heureuse idée de se faire suivre par notre boy portant les appareils photographiques. Il conduit le roi sur les marches du palais et le photographie deux fois ; puis c'est le tour des ministres présents, puis celui des mandarins... tous veulent imiter Sa Majesté. Notre savant, grave, imperturbable, photographie tout ce que l'on veut, groupant tout le monde à sa façon, bousculant ministres et mandarins à la manière d'un caporal d'escouade alignant ses hommes, et ce n'est pas une des choses les moins joyeuses du voyage que ce spectacle de personnages annamites empressés comme des écoliers et sollicitant l'honneur de poser devant un Kodak [1].

A six heures du soir, la séance est terminée.

---

1. Détail attristant : Par suite d'un accident, aucun de ces clichés ne put, par la suite, être utilisé.

On nous apprend, au moment où nous traversons la dernière cour du palais, que le mandarin Hoang-Cau-Kai, deuxième colonne de l'empire, ministre de la Guerre et ancien *Quin-huoc* (vice-roi) du Tonkin, nous attend en sa résidence.

Le ministre de Than-Thai nous reçoit plus cérémonieusement que son maître. Il est entouré de porteurs de parasols formant la haie.

Après un échange de salamalecks, Hoang-Can-Kai, très affable, nous emmène avec lui dans une pièce voisineo, où se trouvent de larges fauteuils en thuya et en bois de fer, incrustés de nacre.

Sur une table d'une largeur invraisemblable, taillée d'un bloc dans un tronc d'arbre dont le diamètre devait dépasser deux mètres, l'ancien *Quin-huoc* nous fait servir du champagne estampillé d'une des bonnes marques de Reims.

Il nous raconte que le lendemain devront avoir lieu les funérailles d'un mandarin de 5e classe et nous demande d'y assister.

Nous acceptons volontiers l'invitation, un spectacle de ce genre présentant pour nous l'intérêt de l'inconnu.

Nous prenons ensuite congé de la deuxième colonne de l'Empire, qui nous reconduit, cérémonieusement, jusqu'à la porte de son habitation.

*
* *

Le mandarin, dont les funérailles devaient avoir lieu ce jour-là, était décédé depuis près de trois mois.

Nous nous faisons donner quelques explications au sujet de ce long délai accordé à la famille avant l'enterrement.

Il nous est dit que, lorsqu'un mandarin de haut rang meurt, il est d'usage de conserver le cercueil dans la famille pendant tout le temps que dure la préparation des obsèques.

Les dépenses faites à l'occasion des funérailles sont toujours très élevées. Voici de quelle façon on procède en Annam aux longs préliminaires de la cérémonie finale :

Dès qu'un personnage meurt, on lui suspend devant les narines et devant la bouche un flocon de coton, auquel le souffle le plus léger imprimerait un mouvement d'oscillation.

Quand la mort est dûment constatée, le visage du défunt est recouvert d'une feuille de papier de riz et d'un mouchoir de couleur. On place ensuite dans la bouche du *de cujus* trois pierres fines (trois grains de riz dans la classe pauvre).

Autour de la tête sont disposés des grains de riz en demi-cercle et une assiette sur laquelle se trouve un œuf dur coupé en trois.

Comme la superstition annamite prétend qu'un chat cherche toujours, en de pareils moments, à s'emparer de l'âme du mort, le fils aîné couche par terre, au pied du cercueil, et un membre de la famille est désigné pour garder le corps avec lui.

Avant d'être mis en bière, le corps est lavé fréquemment avec de l'eau parfumée. On le revêt ensuite de riches habits, qu'il a généralement eu la précaution de se faire faire longtemps avant son trépas.

Après l'ensevelissement, on ferme hermétiquement le cercueil et on le vernit extérieurement pour le préserver de l'action dévastatrice des fourmis blanches.

Dès le premier jour, la famille du défunt prend les vêtements de deuil, qui sont, dans ces pays, de couleur blanche et d'une étoffe de coton grossière, de fabrication indigène.

De chaque côté de la porte de la maison mortuaire se placent des inscriptions écrites à la chaux sur du papier de riz teinté en bleu.

Le jour des funérailles du mandarin, en attendant la levée du corps qui doit être solennellement transporté au cimetière, nous nous trouvons, M. Boniface Bollard et moi, presque à l'entrée de l'habitation, et je remarque que mon compagnon s'efforce de déchiffrer une des énigmatiques inscriptions placées près de lui :

— Eh bien ! monsieur Bollard, lui demandai-je, devinez-vous ce qui est écrit sur ces banderolles de papier ?

— Je crois comprendre qu'il s'agit là des vertus du trépassé, et je vois qu'en Annam on a, comme en France, le souvenir des qualités des défunts. Seulement, ici comme là-bas, il faut d'abord être mort, avant d'être apprécié. C'est la loi humaine. Un philosophe traversant un cimetière disait, après avoir lu bon nombre d'inscriptions tombales : Ce doit être ici le rendez-vous de tous les honnêtes gens, car les pierres gravées ne parlent que des vertus de ceux qu'elles recouvrent.

— Monsieur Bollard, laissez, pour un instant, vos critiques philosophiques de côté, et dites-moi, si vous le pouvez, en quels termes les vertus du mandarin mort sont mentionnées ici ?

— Je ne suis pas suffisamment ferré sur la valeur exacte des caractères chinois pour vous répondre. Je ne connais encore que les 214 caractères idéographiques composant les radicaux de cette langue complexe.

— Tous mes compliments.

— Il n'y a pas de quoi, le bagage usuel d'un Chinois un peu lettré comporte de 4 à 5.000 caractères.

— Et vous n'en connaissez que 214. Vous ne serez jamais mandarin, monsieur Boniface.

— Hélas ! Monsieur, vous m'en voyez au désespoir ! me répond notre savant avec un grand sérieux.

A ce moment, on vient chercher le corps. La foule est considérable autour de l'habitation. Le cortège se forme, et on se met en marche vers le cimetière.

Arrivé devant la fosse, le cercueil est descendu à l'aide de cordes ; après quoi, les parents, les amis, jettent chacun sur la bière une poignée de terre, pendant que le chef des porteurs psalmodie, d'une voix nazillarde, une mélopée annamite qui dure jusqu'à ce que la terre entassée sur le cercueil forme, au-dessus du niveau du sol, un monticule de quelques centimètres d'élévation.

A ce moment, la famille fait distribuer aux assistants du vin de riz et une chique de bétel.

Nous nous retirons pendant qu'on dresse devant le tombeau un autel où se fera tout à l'heure un sacrifice en l'honneur du génie protecteur de ce lieu de repos.

Tour de Confucius.

Dans l'intérieur de la grotte.

CHAPITRE XVIII

LA BARRE DE THUAN-AN. — EN CHALOUPE CHINOISE. — LES MONTAGNES DE MARBRE. — LES BONZES DE LA MONTAGNE. — UNE VISITE A LA PLANTATION BERTRAND. — UN REPAS CHINOIS.

Deux voies de communication relient Hué à Tourane.

La première est la route des montagnes. C'est celle que nous avions prise pour nous rendre dans la capitale de l'Annam.

Ce trajet comprend 76 kilomètres par la route mandarine passant par le col des Nuages et 27 kilomètres par rivières et lagunes.

La seconde voie est : la rivière de Hué et la mer.

C'est cette route nouvelle pour nous que nous choisissons pour retourner au port de Tourane, où nous comptons attendre le paquebot montant au Tonkin.

Nous nous embarquons sur la chaloupe à vapeur du Gouvernement. Elle doit nous conduire à Thuan-An, petite ville située à 29 kilomètres de Hué, à l'embouchure de la rivière, et servant, en quelque sorte, de port à la capitale de l'Annam.

A Thuan-An se trouve une barre de sable qui rend la passe impraticable aux bateaux tirant plus de 3 mètres.

Cette barre est souvent mauvaise, il en résulte que les communications par eau sont interrompues, de temps en temps, entre Hué et Tourane.

On est obligé, dans ce cas, de prendre la voie du col des Nuages, où des relais — des trams, pour parler le langage du pays — sont, ainsi que nous l'avons dit dans un chapitre précédent, disposés de 15 kilomètres en 15 kilomètres.

Le fonctionnaire qui nous accompagne à Thuan-An, où nous devons prendre la chaloupe chinoise du service régulier, nous donne quelques explications intéressantes sur la façon dont sont réglées les communications postales, entre Hué et Tourane, les jours où la barre ne permet pas de faire ce service par la voie, beaucoup plus courte, de la mer et de la rivière.

Le service des *tram* se divise en porteurs de fardeaux, courreurs, guetteurs, chefs et secrétaires de relais.

Attachés à l'administration, ils sont exempts d'impôts et de service militaire, reçoivent une ration de riz par jour et ont les bénéfices que leur procurent les fonctionnaires qu'ils transportent.

Nous savons par expérience que chaque coolie est payé sept sous et demi pour 15 kilomètres. (Si jamais ceux-là ont des châteaux achetés sur leurs économies, ce ne sera jamais qu'en Espagne.)

Les coolies de la poste ont une sonnette à la ceinture et un petit drapeau annamite, qu'ils déplotent au passage des lagunes, pour obtenir la priorité sur les indigènes attendant le bac.

Il paraît que cette institution, très antérieure à l'occupation française, existe depuis plusieurs siècles et rend les meilleurs services.

Pour notre compte, nous avions pu apprécier déjà, en ce qui concerne le transport des voyageurs, les bienfaits de cette organisation qui nous avait permis, la semaine précédente, de faire un fatigant trajet en montagne dans un espace de temps relativement très court, et sans attraper la moindre courbature, nos fauteuils suspendus nous évitant toute espèce d'effort physique.

Nous sommes heureux, néanmoins, de n'avoir pas à reprendre le chemin par lequel nous étions venus; l'intérêt de notre voyage en eût souffert.

Nous arrivons à Thuan-An vers dix heures du matin. Nous franchissons la barre sans inconvénient, et nous allons rejoindre la chaloupe chinoise, qui nous attend à 200 mètres de là.

Aussitôt à bord, nous nous casons où nous pouvons, le pont étant encombré de Chinois et d'Annamites.

Nous voyons ainsi, accroupis à l'avant, des commerçants coréens, vêtus du costume particulier à leur pays. Ces Coréens se rendent à Faï-Foo, ville importante située à 30 kilomètres de Tourane et communiquant avec ce port par un large arroyo sur lequel circulent aisément les grandes jonques.

On nous donne une cabine encombrée de sacs et de caisses de denrées. Le capitaine chinois, qui baragouine quelques mots de français, nous fait entendre que nous serons là admirablement, les sacs de riz pouvant nous servir de sièges et les caisses, de table, pour déjeuner.

Nous avons eu la précaution d'emporter de Hué un panier de provisions et des couverts. Nous évitons ainsi la perspective peu agréable de manger du riz avec des baguettes et des tranches de poisson séché au soleil. C'est tout ce que nous aurions pu trouver à bord de la chaloupe.

Nous n'avons que quelques heures de navigation avant d'arriver à Tourane. Nous avançons très lentement à cause des bas-fonds.

A l'avant, un Chinois, muni d'une longue perche, sonde de minute en minute et annonce d'un mot jeté d'une voix gutturale la profondeur d'eau.

Devant l'entrée de notre cabine, une famille annamite de six personnes déjeune avec tranquillité, le bol de riz dans la main gauche, en manœuvrant de la droite les bâtonnets à l'aide desquels ils prennent délicatement, dans des soucoupes placées par terre, des condiments variés dont ils additionnent le riz qu'ils se poussent dans la bouche.

Ils ne sont pas accroupis, les jambes repliées sous eux à la mode des tailleurs, mais simplement baissés, presque assis sur leurs talons.

Le repas est expédié en cinq minutes. Une large rasade d'eau plus ou moins claire termine ce festin peu plantureux, mais néanmoins substantiel, puisque ce genre de nourriture est suffisant pour donner aux indigènes la vigueur nécessaire à des travaux fatigants et une endurance qu'on trouve rarement chez les Européens.

A cinq heures du soir, nous arrivons à Tourane. La chaloupe chinoise aborde aux quais, ce que ne peuvent pas faire les grands paquebots.

Le soir même, nous sommes invités à dîner par M. Boulloche, résident supérieur de passage à Tourane. Nous le remercions de la cordiale hospitalité qui nous a été offerte à Hué, en son nom, par son résident chef de cabinet, M. Duranton.

M. Duranton nous a, en effet, aidé de toutes les façons dans la mission que nous accomplissions, mettant à notre disposition voitures, chevaux, chaloupes, nous documen-

CÉRÉMONIE BOUDDHIQUE DANS LA GROTTE.

tant en homme connaissant merveilleusement la région et appelant notre attention sur des points particulièrement intéressants.

Nous disons à M. Boulloche tout le bien que nous pensons de M. Duranton. Le résident supérieur de l'Annam qui s'y connaît en hommes, nous répond simplement, qu'il est heureux que nous ayons pu apprécier à sa juste valeur un des meilleurs fonctionnaires de l'Indo-Chine.

*
* *

Huit heures du matin; départ en sampan pour les montagnes de marbre. Un épais brouillard dissimule les côtes. Nous avançons lentement en écoutant une mélopée annamite que chante un de nos rameurs, sur un ton de complainte.

Le patron du bateau a largué sa voile, qui compte plus de trous que d'étoffe, et, la brise aidant, nous venons nous échouer sur le sable, à 1.500 mètres des montagnes de marbre.

Il est alors onze heures du matin.

Avant d'arriver aux hautes montagnes dont la masse sombre se détache à quelque distance, il nous faut faire plusieurs kilomètres dans les sables mouvants.

A chaque pas, nous nous enlisons au-dessus des chevilles et parfois jusqu'à mi-jambe. Rien n'est plus fatigant que cette montée sous un soleil implacable, dont notre large casque en toile nous garantit insuffisamment.

Nos coolies nous précèdent, nous indiquant le chemin. Autour de nous, la végétation est des plus pauvres. Par-ci, par-là, quelques aloès, des herbes brûlées.

A un certain moment, nous côtoyons un mausolé en pierres blanches, perdu dans ce désert. C'est, paraît-il, la tombe d'un mandarin qui a voulu dormir son dernier sommeil, dans cette solitude que trouble seuls les buffles sauvages pendant le jour et, la nuit, les tigres des forêts voisines.

Nos guides nous conduisent à un escalier de marbre, taillé dans la montagne; mais, pour y arriver, il faut gravir presque perpendiculairement une pente de 50 à 60 mètres d'élévation.

Nous sommes obligés de planter profondément nos bâtons dans le sable, avant de risquer un pas en avant.

Nous avons, pendant toute cette ascension, le sentiment intense des dégringolades imminentes, aussi montons-nous sans regarder derrière nous, de crainte d'être saisis par le vertige.

Quand nous arrivons, ruisselants de sueur, essoufflés, le cœur sautant dans la poitrine, à la première dalle de l'escalier, jadis construit à l'occasion d'une visite de l'empereur Minh-Mang, nous nous arrêtons un instant pour respirer et pour jeter un coup d'œil sur les alentours.

Ici, le paysage est merveilleux.

La mer déferle sur la plage de sable qui s'étend au bas de la montagne, et, par moments, le flot vient battre le roc et le couvre d'embruns.

Nous gravissons cinquante marches, et le panorama s'étend, englobant tout un coin de la côte d'Annam, la base baignant dans la mer. Dans le lointain, nous admirons les sommets des hautes montagnes embrumés de vapeurs légères, qui tourbillonnent lentement, chassées par la mousson nord est soufflant du large.

Par instant, le soleil trouant la nuée accroche des clartés sur le flanc des montagnes et colore les mousses et les fougères dont les verdures épaisses prennent des teintes automnales.

De grands oiseaux volent autour de nous et filent à tire d'ailes vers les roches sombres qui semblent les gardiennes de ce lieu, habité exclusivement depuis des siècles par des générations de bonzes desservant les pagodes peu fréquentées de ces parages.

Nous montons encore et nous arrivons à l'entrée d'une immense caverne, haute de 40 mètres, et des voûtes de laquelle descendent, mêlées à des stalactites, des lianes enchevêtrées qui pendent dans le vide et ne sont autre chose que les racines des grands arbres poussant au dehors, sur le flanc de la montagne.

A l'entrée de cette grotte, dont l'intérieur est converti en pagode bouddhiste, se trouvent quatre guerriers taillés dans la pierre et présentant aux rares visiteurs des visages fortement coloriés, tendant à donner à ces gardiens éternels de la caverne une allure menaçante.

Cette conception de la terreur par l'image de monstres redoutables rappelle l'époque où, pendant la guerre de Chine, l'armée des Célestes était précédée par des animaux énormes, en papier ou en baudruche, affectant des formes inconnues, afin de frapper les ennemis d'épouvante.

Les formidables sourcils des guerriers de la pagode des montagnes de marbre, leur barbe de fleuve et leurs grimaces immuables ne semblent même pas effrayer les chauves-souris qui traversent la vaste caverne avec l'insouciance d'habitants connaissant depuis longtemps, la parfaite sécurité de leur domicile.

La grotte, très vaste, est d'un aspect impressionnant. Elle est éclairée par une large crevasse de la voûte. Le jour tamisé qui vient de là, et enveloppe les autels de Bouddha dressés dans les enfractuosités de la roche, donne un relief particulier aux objets qu'il éclaire.

Le silence de ce lieu n'est troublé que par la goutte d'eau

tombant dans un large bassin de marbre creusé par la main des hommes.

Cette eau sert, nous dit-on, pour les cérémonies du culte.

Quelques bonzes, vêtus de loques jaunes et d'un aspect misérable, nous ont suivi dans la grotte. Ils nous vendent — sans en avoir le droit — des Bouddhas décorant les autels de la caverne et aussi des services à thé, composés de quatre tasses, d'une théière et d'un plateau, le tout taillé dans le marbre de la montagne.

On nous fait ensuite visiter deux autres cavernes moins importantes, et, vers midi, nous déjeunons dans la pagode centrale élevée sur le flanc du mont. Les bonzes nous observent curieusement, mais sans envie, car ils n'ont pas le droit de manger de viande.

Les végétaux sont seuls autorisés par la règle de ce monastère.

On nous raconte que ces hommes sont, pour la plupart, des vaincus de la vie. Ils sont venus chercher dans les solitudes des montagnes de marbre un refuge contre leurs ennemis et, parfois aussi, l'oubli de chagrins de famille.

Néanmoins, la plupart d'entre eux sont mariés. Les femmes qui ont consenti à devenir leurs compagnes sont celles qui n'ont pu trouver une union autre part, ou qui ont subi des condamnations les plaçant, en quelque sorte, sur les marges du Code.

Le mariage de ces bonzes de la montagne est en réalité l'union de deux épaves de l'existence. Loin des regards, les époux n'ont pas à supporter l'humiliation des critiques de leurs concitoyens.

On ne songe plus à eux ; jamais ils ne quittent le lieu où ils se sont réfugiés et personne — sinon des étrangers — ne les vient visiter.

TOMBEAU D'UN MANDARIN.

C'est l'association de deux souffrances et, sans doute aussi, la consolation de deux misères.

Ces mariages sont fertiles, car une nuée d'enfants nous entoure.

Les jeunes bambins vident avec empressement le fond des boîtes de conserves que nous leur donnons. Ils ne sont point, comme leur père, forcés d'être végétariens.

Nous nous retirons, en laissant quelques piastres à ces gardiens de pagodes qui les gardent si mal et permettent aux étrangers, moyennant une honnête rétribution, d'emporter les Bouddhas anciens, que les populations annamites ont vénéré pendant de longs siècles.

*
* *

A trois heures de l'après-midi, nous retrouvons notre sampan caché dans les joncs de la lagune conduisant à Tourane, et à six heures nous sommes de retour chez M. Bertrand, directeur de la station météorologique, qui nous avait invité à dîner avant de nous conduire visiter sa superbe plantation d'arbustes à thé et de caféiers.

*
* *

Cette visite à la concession Bertrand eut lieu le lendemain, et ce n'est pas une des choses les moins intéressantes de notre voyage que cette promenade à travers une montagne couverte de forêts et dont une partie déjà défrichée donne une idée de l'effort intelligent déployé par le colon pour mettre en valeur des terres qui, récemment encore, n'étaient fréquentées que par des tigres, des serpents et des éléphants sauvages.

Il reste plus d'un fauve, plus d'un reptile et plus d'un mastodonte dans le voisinage, mais ces animaux reculent peu à peu devant le défrichement des brousses, et, ce qu'il y a de plus amusant, c'est qu'ils sont les gardiens naturels et vigilants de la plantation.

A ce sujet, M. Bertrand nous donne une preuve immédiate de l'utilité du tigre en cette région.

Il nous montre dans un fourré un trou large à permettre le passage d'une buffle et aboutissant à un ruisseau situé un peu plus bas.

— Vous voyez ce trou, nous dit-il, et bien c'est par là qu'est passé, cette nuit, un de mes chevaux.

— Comment! les chevaux annamites font des ouvertures dans la brousse pour s'enfuir?

— Pas le moins du monde, ou plutôt, quand ils en font, ce n'est pas volontairement. Ainsi, le cheval qui a abandonné la plantation a été emporté par un tigre, sa carcasse à demi dépecée est, du reste, à 100 mètres d'ici. Je vais vous y conduire, si vous le désirez; nous avons encore une heure avant qu'il fasse nuit.

— Et le tigre l'a abandonné après l'avoir à moitié dévoré?

— Abandonné..... provisoirement. Il viendra cette nuit continuer son repas.

— Pourquoi n'organisez-vous pas une battue pour tuer le fauve?

— Je m'en garderais bien ! Cet excellent tigre remplace le meilleur des domestiques. A partir du coucher du soleil, pas un indigène, grâce à lui, n'oserait s'aventurer dans la plantation.

Une fois la nuit venue, monseigneur *Kop* se promène, et les Annamites le savent.

Or, le tigre n'aimant ni le thé, ni le poivre, ni le café, ne commet chez moi aucun dégat. Il se contente de rôder autour des dépendances où mes animaux domestiques sont soigneusement enfermés. Il a fallu la négligence d'un de mes boys pour laisser un cheval en plaine, la nuit dernière.

Le tigre s'est payé lui-même son traitement de gardien nocturne de ma concession. Il y avait trois ans que je ne lui avais pas soldé ses gages, ajouta M. Bertrand en riant.

— Il vous avait déjà dérobé un cheval, il y a trois ans?

— Oui, et comme un cheval vaut ici de 20 à 25 piastres, c'est-à-dire de 50 à 65 francs, le tigre me coûte en moyenne 20 francs par an. Ça n'est pas cher, car sans lui, on me volerait pour beaucoup plus que cette somme par semaine.

L'explication nous parut assez gaie. Nous ne nous étions jamais douté, avant de venir en Annam, qu'un tigre pouvait rendre des services à un colon.

Nous parcourons, avec M. Bertrand, une partie du vaste domaine qu'il met en valeur, et nous constatons que partout les cultures s'étendent; une main intelligente défriche méthodiquement ces terrains, hier encore inutiles, et qui seront demain de nature à concourir, par leurs produits, à la prospérité de notre belle colonie.

Nous remercions M. Bertrand de l'intéressante promenade qu'il vient de nous faire faire, et nous déclinons, à l'unanimité, la gracieuse invitation qu'il nous présente de venir la nuit même chasser le tigre.

— C'est un sacrifice pour moi, observe-t-il, mais ce sera peut-être une distraction pour vous.

— L'occasion est évidemment tentante, lui répond M. Bollard, mais nous nous ferions un scrupule d'abuser de votre désintéressement.

Au fond, je crois bien que notre savant n'a aucune espèce d'envie de contempler le tigre dans les manifestations d'une liberté qu'il pourrait pousser jusqu'à la licence.

*
* *

Parcourir les contrées voisines de la Chine sans faire un dîner choisis eût constitué une véritable lacune dans notre voyage.

Aussi, grâce à un ami complaisant, avons-nous comblé ce vide, mais, je le dis bien vite, sans aucun espoir de récidive.

Le menu fera, mieux que toutes les explications du monde, comprendre à ceux qui nous lisent combien notre estomac proteste contre une seconde tentative.

Le repas débuta d'abord par le potage obligatoire dit : aux nids d'hirondelle.

Les nids d'hirondelles qui ressemblent, non cuits, à du vermicelle, ont un goût de tapioca, une fois mêlés au potage bouillant

Ces nids sont formés de la salivation d'un petit oiseau appelé « Salangane ». On en trouve surtout dans les rochers des côtes de l'Annam. Ce produit délicat se vend là-bas 75 francs le kilo.

Je n'en acheterais pas à deux sous la tonne.

Continuons le menu :

Salmis de pattes de canard à l'huile de ricin.

Friture de vers à soie.

Gigot de chien rôti.

Ailerons de requin.

Je confesse n'avoir pas continué la dégustation de cet excellent dîner.

Je n'ai même pas essayé de goûter à un rat d'aspect appétissant, convenablement rissolé et dûment entouré de petits pois.

J'ai reculé d'épouvante devant une gélatine de poussinsfœtus servis dans leur coquille. Ce plat délicat se mange à la cueillère.

J'ai renoncé sans remords aux œufs durs confits dans de la chaux, aux nerfs de poissons séchés, aux amendes frites dans le sel, à la poêlée de vers palmistes extraits de choux déracinés le matin.

Bien que faisant ce repas soigné sur la terre ferme, j'éprouvais, au fur et à mesure que défilaient les plats, une sensation que doivent connaître les gens qui ont le mal de mer.

Menu chinois, je te connais, mais je ne cultiverai pas ta connaissance.

Dans la baie d'Along.

CHAPITRE XIX

UN BOY VOLEUR. — LE THÉ ET LE CAFÉ DE M. BERTRAND. — DÉPART POUR LE TONKIN. — LA BAIE D'ALONG. — HAÏPHONG. — SUR LE FLEUVE ROUGE.

J'ai, à mon service, deux boys de caractère très différent. L'un s'appelle Nam, — l'autre se nomme Trah.

Nam est sournois, menteur, voleur, joueur, bavard et médisant.

Trah est discret, relativement honnête et, je le crois, sincère.

J'estime ce dernier ; je méprise l'autre, et pourtant je le garde à mon service.

Un jour que j'avais menacé Nam de l'expulser avec addition de coups de botte en guise de bénédiction (le drôle m'avait dérobé une dizaine de piastres et divers objets de toilette), M. Bollard intervint en sa faveur et me tint ce langage :

— Nam est évidemment ce qu'on appelle en Occident une vulgaire canaille, mais il sait très bien faire cuire et accommoder une gigue de cerf ou un filet de sanglier.

— C'est vrai!

— Il tire le *panca* avec beaucoup de distinction, ce qui est de peu d'importance, mais avec vigueur et régularité, chose des plus appréciables par 37° Centigrades et une absence complète de brise.

— C'est encore exact.

— Et puis, comme il incarne en lui tous les défauts des Annamites, il est curieux à étudier. C'est un document humain.

— Mais c'est un voleur!

— Tous les boys le sont plus ou moins.

— Un menteur.

— Ceci est la conséquence de cela.

— Un joueur.

— Naturellement, puisqu'il est Annamite.

— Il est impossible d'avoir en lui la moindre confiance.

— Je ne vous recommande pas d'en avoir. Je vous engage au contraire à ne rien laisser traîner à portée de ses doigts crochus.

— Me faudra-t-il le fouiller! Me voyez-vous lui tenant le langage d'Harpagon à La Flèche : — Holà! drôle!.. Ne m'emportes-tu rien?

Viens çà, montre-moi tes mains, tes poches...

— Il est inutile de le fouiller. Vous n'avez qu'à lui dire :

La législation française a supprimé la cadouille, c'est-à-dire les coups de bâton, mais j'ai pris sur moi de rétablir à ton intention les convaincantes et vigoureuses coutumes d'autrefois. Si tu me voles, ton dos fera la connaissance de mon rotin.

— Il me menacera des tribunaux. Il connaît, comme tous les boys indigènes, les modifications apportées par nous au Code annamite. Et il me dira : — Toi, Monsieur, y en a pas moyen, battre bon boy ; moi dirai au juge : beaucoup *malass* (malade) parce que toi donner la cadouille à moi.

— Eh bien, vous lui répondrez : — Moi, envoyer toi aux galères comme voleur, si toi dérobes à moi une seule sapèque. Et il n'insistera pas.

— En somme, vous me conseillez, s'il ne marche pas droit, de le rosser ?

— A plates coutures et sans remords.

J'ai suivi les conseils de M. Bollard, et j'en suis, depuis huit jours, à mon troisième rotin.

Nam semble même prendre quelque plaisir à tendre le dos lorsqu'il a commis un larcin ; les coups de bâton lui donnent l'impression du pardon pour la faute commise. Et naturellement, après la correction, il conserve les objets dérobés qu'il considère comme payés !!! La monnaie de singe n'est pas pour troubler cette âme.

Un exemple fera mieux connaître encore le caractère du boy annamite :

La contrée produit un certain nombre de fruits d'un goût délicieux, entre autres : la mangue et le mangoustan, sans parler des bananes, des ananas, des goyaves et des letchis.

La mangue, sorte de poire aplatie, sent fortement l'essence de térébenthine ; mais avec un peu d'habitude on se fait très bien à ce goût particulier, et on m'a même affirmé qu'on finissait par en trouver la saveur particulièrement agréable.

Le mangoustan, considéré là-bas comme le meilleur fruit des régions tropicales, est d'un goût exquis, malheureusement il n'est pas transportable, et les Européens ne pourront vraisemblablement jamais faire la comparaison de ce savoureux comestible avec ceux de France.

J'avais, un jour, chargé Nam d'aller au marché et de me rapporter un panier de ces fruits variés.

Nam, nanti de l'argent nécessaire à l'achat, se rendit tout droit, non pas au marché, mais chez un Chinois tenant un jeu de bacouan clandestin.

En dix minutes, mon argent était râflé par le dieu de la guigne, qui préside aux jeux de l'univers.

Quelqu'un, un autre boy, qui en voulait à Nam, vint me conter l'aventure :

J'attendis Nam d'une canne ferme, afin de lui faire comprendre, par des arguments touchants, l'indélicatesse de son procédé.

Il revint une demi-heure après.

— Eh bien, Nam ! lui dis-je. Tu as trouvé des mangues et des mangoustans ?

— Y en a pas moyen trouver mangoustans, mais moi trouver beaucoup mangues, bananes, pamplemousses, letchis. Et, découvrant le panier qu'il tenait à la main et dont il faisait si bien d'ordinaire danser l'anse, il me le montra d'un index triomphant, rempli de fruits.

Je fus surpris, et je dis à Nam :

— On m'avait pourtant affirmé que tu avais été jouer au bacouan, et que tu avais perdu l'argent confié à ce qui te reste de probité.

— Moi, pas comprendre, me répondit Nam, avec une expression de surprise qui m'aurait troublé si je ne l'avais pas su le plus fieffé menteur de l'Indo-Chine.

— Alors tu n'as pas été jouer au bacouan ?

— Bacouan, pas permis, excepté pendant fête du Têt.

— Et tu as payé tous ces fruits, combien ?

Nam compta longuement sur ses doigts, eut l'air de chercher à se rappeler exactement les détails de la somme dépensée, puis, en fidèle serviteur qui rend ses comptes, il me dit :

— Toi, donner à moi une piastre. Reste rien dans les poches de Nam.

Et, d'un geste de clown, il retourna avec ses pouces la doublure de ses poches.

Je sus la vérité plus tard.

Mon boy avait réellement perdu au jeu, et, ne pouvant pas faire ses emplètes avec l'argent que je lui avais confié, il avait utilisé, à mon profit, ses habitudes incorrigibles de filouterie.

Nam, ancien marmiton, avait été dressé, dans son enfance, à pratiquer l'art de *subtiliser* avec une maestria de pickpocket londonnien les objets exposés à portée de sa main.

Personne mieux que lui ne s'entendait à escamoter, en plein jour, l'étalage d'une boutique de marchand.

Nam traversant une place de marché avec deux sacs vides se trouvait avoir, sans bourse délier, deux sacs pleins en moins de dix minutes. Il était tellement habile qu'il ramassait des sapèques par terre, sans se baisser, et rien que par la contraction de ses doigts de pieds.

J'étais servi par un gaillard capable d'alimenter une famille entière, sans qu'il en coûta à celle-ci et à lui-même la plus minime des pièces de monnaie.

Avec de pareilles aptitudes et une longue expérience, on imagine aisément combien peu Nam dépensait d'argent lorsqu'on le chargeait de quelque commission. Il volait avec une sérénité déconcertante. Et lorsque je lui disais :

— Nam, tu es un voleur.

Il répondait tranquillement, avec son large sourire :

— Moi, connaître commerce.

Si Bouddha lui permet jamais d'atteindre l'âge de la vieillesse, Nam ira certainement finir ses jours au pénitencier de Poulo-Condor.

※

Avant de quitter l'Annam pour nous rendre au Tonkin, nous passons notre dernière soirée chez M. Bertrand, qui tient à nous faire apprécier deux des produits de la région : le thé et le café annamites.

Il nous explique que le thé chinois ne diffère de celui qu'on récolte en Annam que par son mode de préparation.

Au lieu de griller le thé sur des feuilles de cuivre comme le font les Chinois, les Annamites trempent les feuilles dans l'eau bouillante et les font sécher au soleil. D'autre part, ces derniers, au lieu de recueillir, comme les Célestes, toutes les feuilles de la plante, ne prennent que les jeunes pousses.

Il arrive parfois que les Annamites du Binh-Dinh et du Binh-Thuân vendent toutes leurs récoltes à des marchands chinois.

Naturellement, ceux-ci étiquettent les produits annamites à une marque chinoise, et les Européens ne se doutent guère de la fraude existant sur la désignation du lieu d'origine du produit qu'ils consomment.

Notre amphitryon qui est, ainsi que nous l'avons dit, un planteur de thé et de café, pense que, dans un avenir prochain, le thé sera une des principales sources de richesses de l'Indo-Chine.

Quant au café, sans atteindre jamais les qualités des produits de Moka, d'Aden, de Bourbon et de la Martinique, M. Bertrand nous affirme que le café des plantations de l'Annam sera certainement un jour supérieur à celui de Ceylan, de Java et même de Saint-Domingue.

M. Bollard, qui a écouté avec attention les déclarations et les espérances de M. Bertrand, lui dit :

— Je crois, comme vous, à l'avenir des plantations de

RADE DE TOURANE.

café dans nos colonies, car tous les essais faits jusqu'à présent, aussi bien à la Nouvelle-Calédonie qu'à Tahiti ou à Madagascar, ont parfaitement réussi. Il n'y a que dans les régions tempérées où ce genre de plantations n'obtient aucun succès.

— Il est nécessaire d'en récolter beaucoup, dit quelqu'un, car l'extension prise par ce produit s'augmente chaque année d'une façon considérable.

— Et quand on pense, reprit M. Bollard, que cet excellent breuvage, à l'époque de son apparition, vers la fin du xve siècle, était interdit! Amurath III, souverain, ne buvant que de l'eau, entendait ne point permettre à ses sujets d'user d'une autre boisson que la sienne.

— Et son peuple ne s'est point mis en république? interrogea M. Bertrand.

— Non, les habitants de cette contrée ignoraient les avantages du suffrage universel.

— Cela n'empêche pas les historiens et les géographes de désigner cette contrée sous le nom d'Arabie Heureuse.

— Ce qui prouve bien que le bonheur est relatif.

* * *

Le lendemain, nous partons pour Haïphong.

Nous prenons place sur le paquebot *la Tamise*, dont le commandant M. Rebuffel a, dans toute l'Indo-Chine, la réputation d'être le plus aimable, le plus courtois des capitaines de la ligne, ce qui ne l'empêche pas d'être un remarquable marin, dont les preuves ont été faites par trente années à la mer.

De Tourane au port principal du Tonkin, il y a environ trente-six heures de mer, en ligne directe.

Nous faisons un léger crochet pour passer par la baie d'Along, une des merveilles de l'Extrême-Orient.

Notre paquebot évolue avec une admirable aisance à travers une succession de rochers ayant des hauteurs de montagne et présentant les aspects les plus curieux, les conformations les plus pittoresques.

Il est impossible de ne pas être impressionné par cette vision de roches tourmentées, aux flancs desquelles s'attache une végétation d'un ton sombre que n'a jamais foulé aucun pied humain.

Ces géants de pierre ont parfois des cimes inquiétantes; penchées sur l'abîme, elles ont l'air de ne tenir encore que par un miracle d'équilibre.

La vague qui, de sa morsure continue, éternelle, ronge la base de ces énormes monolytes, creuse la pierre faisant des tronçons d'arc qui vont sans cesse en s'agrandissant.

Après deux heures de navigation à travers les roches entourant la baie d'Along, nous laissons sur la gauche un de ces blocs de pierre au travers duquel un tunnel, creusé par la mer, permet à un canot ou à une pirogue de naviguer à l'aise.

Nous apercevons un coin de ciel de l'autre côté de cette ouverture.

Enfin, nous sortons de cette agglomération d'îlots inhabités et nous mettons la barre sur Haïphong, dont on aperçoit dans le lointain les maisons trouant de taches blanches les profondeurs de l'horizon.

*
* *

Haïphong, port principal, ou plutôt port unique du Tonkin, diffère essentiellement des cités entrevues au cours de

ROCHER DANS LA BAIE D'ALONG.

notre voyage à travers la Cochinchine, le Cambodge et l'Annam.

Nous retrouvons la ville européenne avec ses habitations confortables, construites en pierre, en briques, et présentant toutes les variétés de l'architecture occidentale. Néanmoins, les maisons à toiture plate dominent, des rues bien tracées sillonnent les divers quartiers. On se sent au milieu d'une ville neuve. Toutefois, ce qui précise le caractère asiatique d'Haïphong, c'est son système de véhicules.

Partout, on rencontre des pousse-pousse traînés par des indigènes trottant d'une allure régulière, uniforme, presque cadencée.

Le pousse-pousse est ici le moyen de locomotion généralement employé par la population.

Haïphong est du reste, à ce point de vue, semblable à la plupart des grandes villes de l'Extrême-Orient. L'indolence des indigènes et des colons vivant dans ces chaudes régions s'accommode fort bien d'un véhicule léger, suffisamment confortable et tout à fait économique. — (L'heure en pousse-pousse coûte 25 cens, soit 12 sous et demi de notre monnaie.)

Notre visite à travers Haïphong nous fait passer devant de nombreux magasins européens, dont les larges vitrines contiennent toute la bimbeloterie tonkinoise et, à côté, des séries d'objets d'importation française, anglaise ou allemande.

D'une façon générale, les objets essentiellement tonkinois (soies brochées, vases, laques incrustées, etc.), se vendent un peu plus cher chez nos concitoyens, que dans les boutiques chinoises.

Le Chinois est, en réalité, le concurrent direct et souvent heureux du commerçant européen. Dans toutes les villes de l'Indo-Chine, il y a un quartier chinois, des rues entièrement habitées par des Célestes, et ce sont, en général, les rues et le quartier où se déploie, avec le plus d'intensité, l'activité commerciale.

Le Chinois, qui s'entend merveilleusement à rouler ses frères de la race jaune, livre à sa clientèle des objets moins fins, moins solides que ceux vendus par les Européens; mais les peuples de ces régions sont de grands enfants qui se laissent assez aisément prendre à ce qui est clinquant, tire-l'œil, camelote, pourvu que la surface de l'objet soit engageante.

Le quartier chinois à Haïphong ressemble, comme une fidèle photographie, à la plupart des quartiers chinois des villes de l'Extrême-Orient. C'est invariablement la boutique sans vitres, largement ouverte aux passants; au-dessus du comptoir, est installé le dieu de la maison, en bois sculpté ou en faïence. Extérieurement, des banderolles d'étoffe ornées de caractères chinois sont collées comme enseignes le long des devantures.

* *

Haïphong, qui, il y a quelques années, était un modeste village annamite construit au milieu de marais, est aujourd'hui une belle ville dont les travaux de construction et d'élargissement continuent à être en pleine activité.

On y compte actuellement 16.000 habitants, parmi lesquels 850 Européens et près de 5.000 Chinois. Un conseil municipal, présidé par le résident-maire, administre la ville, comme cela existe à Hanoï, capitale de la province.

Après un séjour de vingt-quatre heures dans ce port, nous partons pour Hanoï, sur un des paquebots de la Compagnie Marty et Dabbadie qui fait un service quotidien entre les deux cités. D'une ville à l'autre, il y a environ quinze à dix-sept heures de navigation sur le fleuve Rouge.

Nous partons à cinq heures du soir, saluant Haïphong d'un coup de sirène strident, prolongé, et nous voyons se dérouler devant nous les agglomérations de « cagnats » indigènes (nom sous lequel on désigne les habitations en paille) formant en quelque sorte la banlieue de Haïphong.

Nous remarquons la couleur brune des eaux sur lesquelles glisse le paquebot, et nous nous expliquons, par cette coloration due au fond argileux du fleuve, sa dénomination de *fleuve Rouge*.

Le paquebot de rivière qui nous emporte est d'assez grandes dimensions. La salle à manger a environ 12 mètres de longueur. Cette salle se convertit la nuit en dortoir.

Les banquettes qui font le tour de ce réfectoire servent de lits aux passagères. Le sexe fort loge à $1^m,50$ au-dessus, grâce à un ingénieux système de planches à charnières qui, rabattues pendant le jour, sont dressées horizontalement à partir de neuf heures du soir. Naturellement, on conserve en partie ses vêtements, et le dortoir, avec sa trentaine de lits, offre à l'heure du sommeil un spectacle des plus pittoresques.

Les lits supérieurs semblent donner de vives inquiétudes à quelques dames placées directement sous des couchettes portant des passagers de poids.

Ces derniers, qui sentent craquer à chaque mouvement la planchette matelassée qui les supportent, n'osent se retourner d'un côté sur l'autre qu'avec des précautions infinies, afin de ne pas alarmer la voisine du dessous.

Une de ces dernières, n'ayant qu'une confiance relative dans la solidité de l'appareil placé au-dessus de sa tête, propose au locataire de l'étage supérieur de faire un échange de couchettes.

En homme galant, mais ennuyé, le passager accepte ; toutefois, rendu subitement inquiet par un coup d'œil risqué dans la direction de la dame, dont l'aspect plantureux indique une cinquantaine fortement nourrie, il quitte la salle en déclarant qu'il fait décidément trop chaud.

Cet incident met le dortoir en joie.

Quelques passagers ne trouvant pas à se coucher organisent une partie de cartes, et ce n'est pas un spectacle peu réjouissant que celui de ces hommes absorbés par le jeu, oubliant le milieu où ils se trouvent et criant parfois dans le silence de ce dortoir improvisé :

— Quatorze d'as, trois dames et trois valets !

Un ronflement approbatif parti d'un des étages supérieurs répond à cette déclaration.

Pendant une bonne partie de la nuit, nous avons entendu des exclamations de ce genre, et toujours le faux-bourdon du dormeur ponctuait les déclarations des joueurs.

J'avais fait, à un déjeuner chez M. le Gouverneur général, la connaissance du général Borgnis-Desbordes, commandant en chef des troupes de l'Indo-Chine.

Cette connaissance, continuée sur *la Tamise*, se renouvelle sur le fleuve Rouge.

Dans le dortoir du paquebot fluvial, j'habite l'étage, et M. le général Borgnis-Desbordes le rez-de-chaussée.

En me voyant faire l'escalade de mon lit haut perché, il me dit :

— Je sais que vous n'avez pas le mal de mer, mais avez-vous d'aussi heureuses digestions en eau douce ? Il me serait fort désagréable de recevoir de vos nouvelles sous forme de pluie du haut de votre belvédère.

Je rassure le général en lui affirmant que j'avais l'excellent estomac des autruches entrevues par moi au Soudan, alors que je remontais, l'année précédente, le fleuve le Sénégal à bord du *Borgnis-Desbordes*, paquebot de la Compagnie Devès et Chaumette, de Bordeaux.

Le général, que ce souvenir flatte, me remercie, me distille un de ces compliments vinaigrés dans le goût de ceux qu'il avait l'habitude de faire, et nous prenons tous deux nos dispositions pour nous accommoder, lui, de sa banquette rembourrée, moi de mon lit suspendu.

Peu à peu, les passagers s'endorment ; les lampes restent allumées, faisant miroiter au bout du dortoir les carabines d'acier, dont chaque bateau du fleuve est armé à tout hasard et pour les cas de mauvaise rencontre, car la pacification du Tonkin n'a pas absolument désarmé tous les pirates de la région.

A minuit tout le monde est endormi, et l'on n'entend plus à bord que le ronflement harmonieux d'un dormeur qui marie son point d'orgue aux halètements réguliers de la machine.

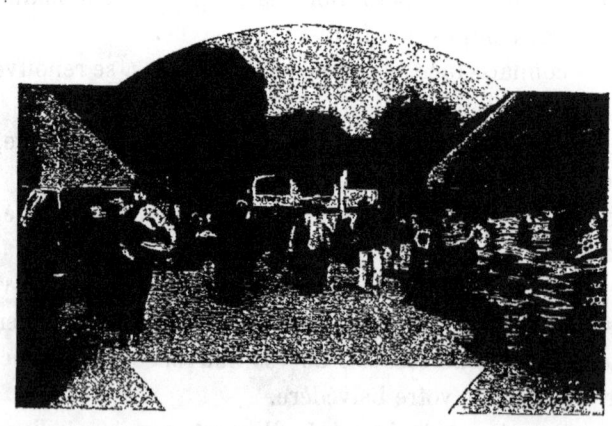

Un village au Tonkin.

CHAPITRE XX

SUR LE FLEUVE ROUGE. — LES PIRATES DU SONG-KOÏ. — HANOÏ. LES SUPPLICES EN EXTRÊME-ORIENT. — LE CULTE DE BOUDDHA.

Pour aller de Haïphong à Hanoï par la voie fluviale, c'est-à-dire par le Song-Koï ou fleuve Rouge, il est nécessaire que le bateau, pendant six mois de l'année, n'ait pas plus de 1^m,80 de tirant d'eau. Mais, pendant la saison des hautes eaux (de mai à novembre), des bateaux calant 3^m,60 peuvent remonter le fleuve sans inconvénient.

C'est ce qu'expliquait le commandant du paquebot à M. Boniface Bollard, installé, depuis six heures du matin, à l'avant, pour admirer à l'aise les rives du Song-Koï.

Le savant, depuis un instant, ne répondait pas à ce que lui disait l'officier du navire. Ses jumelles braquées sur les berges du fleuve, M. Boniface essayait de se rendre compte d'une chose qui lui paraissait singulièrement anormale, car, à un certain moment, retirant ses jumelles de ses yeux, il s'écria :

— Shoking!

Le commandant regarda et se mit à rire.

— Ce phénomène se reproduit régulièrement tous les jours au passage du paquebot, dit-il, et les indigènes apportent à cette manifestation une telle régularité et une telle indifférence apparente qu'on ne peut guère voir, dans leurs actes, une idée de malice ou d'irrévérence.

Je regardai attentivement et je compris.

Le long du fleuve, la face dirigée vers leurs cagniats, c'est-à-dire le dos tourné au fleuve, des indigènes espacés le long des berges se tenaient accroupis, accomplissant une fonction naturelle et qu'il est d'usage, en Europe, de ne point produire en public.

— Il me semble, dit le général Borgnis-Desborde, qui se tenait auprès de nous, que vous leur feriez modifier, sinon leurs habitudes, du moins l'heure de leurs exhibitions avec un bon mousqueton chargé de sel.

— Je crois, mon général, qu'il ne faudrait pas se risquer à des manifestations de ce genre. Les indigènes les considéreraient comme une agression inexplicable, et nous aurions rapidement quelques milliers de pirates de plus sur le fleuve Rouge.

— On pourrait toujours essayer, répondit le général, qui, à ce moment, regagna sa cabine.

— Comment! il y a encore des pirates dans la région? interrogea M. Bollard.

— Je vous montrerai tout à l'heure, en passant, un poste d'observation où, récemment encore, des pirates faisaient le guet pour surprendre les jonques transportant des marchandises de Haïphong au Yun-Nan.

— Et on les laissait faire?

— Non. Et la preuve en est que cinq d'entre eux sont arrêtés et qu'on doit les exécuter très prochainement dans les environs de Hanoï. Vous pourrez assister à ce spectacle si le cœur vous en dit.

— Comment se pratiquent les exécutions au Tonkin ?

— D'une façon très simple : on conduit les condamnés à l'endroit où doit avoir lieu l'exécution, les mains liées derrière le dos, la cangue au cou — la cangue, vous le savez, ressemble vaguement à une lunette de guillotine. — Une fois arrivé sur le terrain choisi, on enfonce en terre un pieu solide, auquel on attache la corde joignant les mains du patient; on fait mettre ce dernier à genoux, la tête courbée, et le bourreau, manœuvrant à deux mains un sabre lourd auquel il imprime un mouvement de rotation afin de se donner de l'élan, tranche la tête du condamné.

— La section se fait d'un seul coup ?

— Rarement. J'ai vu des bourreaux qui s'y reprenaient à douze fois avant de réussir à séparer la tête du tronc, et ce qu'il y a de plus hideux, c'est qu'à chaque coup manqué ils insultaient le malheureux, qui hurlait, ruisselant de sang et demandant qu'on en finisse vite.

— C'est horrible.

— Avant l'occupation française, c'était bien autre chose encore ; on leur faisait endurer d'atroces supplices avant de les achever.

— Les supplices ont disparu de la région indo-chinoise, dit alors M. Bollard, mais, néanmoins, on en maintient une assez jolie série dans le pays voisin.

— La torture existe encore en Chine, il est vrai, mais elle a subi depuis un siècle des atténuations très appréciables.

— C'est exact, répond M. Bollard.

Ainsi on ne procède plus, comme jadis, à l'écrasement des genoux; on ne coupe plus à la scie les seins, les oreilles et le nez; on n'écarte plus les deux os de la jambe vers le haut du mollet; on ne laisse plus pourrir le patient, ligotté sur une natte agrémentée de clous et dans un milieu grouillant de vermine, afin d'exciter les plaies et de provoquer des infections pestilentielles.

La Chine s'est un peu civilisée, à ce point de vue, depuis le doux règne de Teng-Tsong, mort vers 1780.

Toutefois, il reste encore la règle, les verges, la bastonnade, la dislocation, le sciage des jambes, la suspension par les bras et d'autres procédés, tous plus ingénieux les uns que les autres.

— M. Boniface, pour nous faire mieux apprécier l'horreur des tortures dont vous venez de nous donner une si brillante nomenclature, ne pourriez-vous en faire une courte description ?

— Rien de plus facile, répond M. Bollard. Et prenant le ton d'un professeur faisant un cours, notre savant nous donne les explications que voici :

La règle est une planchette longue d'un mètre, large de dix centimètres, ayant quelques millimètres d'épaisseur et munie d'une poignée.

Le patient est frappé par le tranchant de cette règle sur le devant de la jambe, et le coup doit être asséné assez fort pour briser la planchette à chaque coup. On a généralement, comme en-cas, cinq ou six douzaines de règles à chaque interrogatoire.

— Touchante prévoyance !

— Les verges, autre procédé très répandu, sont nattées par trois ou quatre, et on daube à tour de bras à l'aide de cette corde végétale sur le patient. Ce dernier est couché, nu, sur le ventre d'abord, sur le dos ensuite, afin de lui éviter — attention délicate — les fatigues d'une même position pendant l'opération.

Quant à la bastonnade, c'est un exercice exécuté généralement par quatre valets de bourreau qui frappent en observant une cadence harmonieuse et rythmée, tantôt du milieu du bâton, tantôt de sa pointe arrondie, pour varier les effets.

Mais tout ceci n'est qu'une préface. La suite est beaucoup plus ingénieuse au point de vue de la douleur à produire. Ainsi il y a, par exemple, la dislocation...

— Taisez-vous, M. Bollard, le nom seul de ce supplice me donne froid.

— Je vous réponds qu'il donne chaud à ceux qui en sont les victimes, répond M. Boniface.

— Ce genre de supplice présente trois catégories d'exercices, les uns à l'usage des Européens, les autres spécialement destinés aux indigènes.

La première catégorie s'appelle le « kasaï-tsouroi ». On lie fortement les gros doigts des deux pieds, on ficelle également les genoux, on passe ensuite un bâton entre les jambes du patient, et on tourne afin de produire un écartement et courber les os en arc.

— Horreur!

— La deuxième catégorie d'exercice est une modification ingénieuse de la précédente.

On se contente d'attacher les pieds du patient, on lui met ensuite une grosse pièce de bois entre les jambes; puis, une corde, fixée à chaque genou du malheureux, est tirée en sens inverse de façon à ce que les genoux arrivent à se toucher. Les jambes s'arquent, et leur réunion, à chaque extrémité, forme l'ellipse sacrée, chère à Zoroastre et sans doute aussi à Confucius.

Le troisième exercice consiste à attacher les bras derrière le dos de façon à ce que chaque main tienne le coude du bras opposé. Puis, un bâton est passé sous chaque aisselle. On vire horizontalement, de façon à forcer les épaules à se rapprocher dans un arc ayant plus ou moins d'amplitude, selon la résistance des os. Quand ces derniers éclatent et que la moelle jaillit, les Chinois sont d'accord pour déclarer que le spectacle est dégoûtant, et ils qualifient le bourreau de maladroit.

— Et vos Chinois se prétendent civilisés !

— Ils le sont... à leur manière.

— Permettez-moi de trouver que ce n'est pas la bonne.

— Je continue...

— Comment ! il y a d'autres horreurs à entendre ?

— Vous n'êtes pas au bout. Ainsi, il y a encore, entre autres choses, le sciage des jambes, opération très ingénieuse, ainsi que vous allez en juger : A l'aide d'une fine et solide corde de crin, on lie la jambe du patient de façon à permettre le jeu de la corde quand on la tire par chacune de ses extrémités.

Deux hommes, tirant alternativement en sens inverse, scient les chairs sans trop de temps ni d'efforts.

Quand on arrive à l'os, on s'arrête, et on recommence deux centimètres plus loin, afin de faire des rondelles régulières.

C'est un travail très artistique.

— Avec votre façon simple et naturelle d'expliquer les choses, savez-vous que vous êtes un homme abominable ?

— Eh non !... Je suis simplement un homme renseigné qui se fait un plaisir de faire part aux autres de ce qu'il sait.

— Vos descriptions sont effrayantes.

— Elles sont vraies, et c'est, je crois, ce que vous désirez. Mais je continue. J'ai à vous causer encore de la suspension par les bras, c'est fort intéressant. Vous allez, du reste, en juger :

Cette suspension par les bras, pendant une bastonnade de cent coups de rotins, provoque assez rapidement la mort, si le bourreau n'a pas la précaution de s'arrêter de temps en

Hanoï.

temps, lorsque la langue du patient pend, couverte d'écume, en dehors de la bouche, et que le visage se violace, indiquant ainsi un commencement d'asphyxie.

Je ne veux pas trop insister sur les détails afin de ne point vous troubler les nerfs — vous les avez sensibles — et je ne vous parlerai que pour mémoire des gens conduits au supplice dans une charrette munie, au centre, d'une potence à laquelle ils sont suspendus par les cheveux et par les bras. Pendant que les bœufs tirent la charrette par des chemins raboteux, la victime se balance, horriblement secouée et poussant des gémissements qu'on arrête chaque fois par un coup de latte appliqué sur la bouche.

Le bourreau, qui promène ainsi son client, n'aime pas l'entendre geindre avant l'opération définitive.

— M. Bollard, je vous assure que, pour aujourd'hui, nous en avons assez. Vos Chinois sont des êtres féroces et indignes d'être considérés comme appartenant à une nation civilisée.

— Lisez un peu votre Histoire de France, et vous verrez que nous n'agissions guère mieux, il y a moins de cent cinquante ans.

L'application de la torture — ce qu'on appelait alors, la question ordinaire et extraordinaire — n'était pas plus humaine que les supplices infligés en Chine.

— C'est vrai, mais il y a longtemps que cela a disparu de nos mœurs.

— Espérons que ces actes de sauvagerie disparaîtront également un jour des habitudes chinoises, mais on ne déracine jamais facilement les vieilles coutumes, et ce n'est malheureusement pas encore demain, que nous verrons supprimer ces sanguinaires et cruelles pratiques.

En attendant, j'en resterai là de l'édifiante nomenclature sur les supplices chinois, mais je vous assure qu'il y a mieux encore que ce que je viens de vous décrire.

**

A dix heures du matin, la sirène de notre bateau fait entendre les trois notes de son hululement strident et prolongé, annonçant ainsi, un quart d'heure avant notre entrée à Hanoï, l'arrivée du courrier.

Nous abordons à l'appontement, et j'ai la satisfaction d'apercevoir, en débarquant, deux amis : M. Dardenne, ingénieur en chef des ponts et chaussées, directeur des travaux publics au Tonkin, et M. Escande, inspecteur des postes, dont j'avais fait la connaissance quelques mois avant, pendant la traversée de Marseille à Saïgon.

L'un m'offre immédiatement la plus cordiale des hospitalités, l'autre m'invite à venir déjeuner chez lui en me disant :

— Rassurez-vous, je ne vous ferai pas manger d'œufs pourris en gelée, ni de pattes de canard à l'huile de ricin ; on trouve de meilleures choses à Hanoï : du cerf, du chevreuil, des perdrix, des cailles, des bécassines et aussi du bœuf et du porc.

— On n'aurait pas mieux dans un restaurant du boulevard des Italiens.

— On aurait moins bien pendant l'époque où la chasse est interdite. Ici, on chasse en tous temps et en toutes saisons. On peut même tirer des ours dans les pays de montagnes habités par les Muongs.

— A vous entendre, on prendrait le Tonkin pour un coin du pays d'Eldorado !

— Pas précisément, mais tout au moins pour une contrée où le climat est supportable et la terre hospitalière.

— Alors... vous ne regrettez pas la France ?

— Chut ! ne réveillons pas les échos endormis dans les replis du cœur. Il ne faut songer au pays natal que lorsque l'heure de prendre un congé a sonné et que le paquebot du retour est sous pression.

— En attendant...
— Allons déjeuner.

.*.

Hanoï compte actuellement un peu plus de 50.000 habitants, dont 680 Européens et 1.500 Chinois. C'est le centre le plus important de l'industrie tonkinoise. La ville s'étend sur une longueur de plus de trois kilomètres le long du fleuve Rouge. La citadelle est à environ 1.500 mètres de ce cours d'eau.

Les rues sont droites, larges, bien entretenues. De belles avenues bordées d'arbres complètent l'aspect européen de la capitale du Tonkin.

Dans les quartiers indigènes, les rues présentent ce caractère original que chacune d'elles est affectée à un genre d'industrie ou de commerce spécial. Ainsi, il y a la rue de la Soie, où se vendent les belles soies brochées, la rue du Cuivre, la rue du Chanvre, la rue des Cercueils. Dans cette dernière, toutes les boutiques présentent à l'amateur un déballage de cercueils d'un aspect tout à fait engageant.

Il y en a de toutes les tailles, et c'est avec un sourire et un geste convaincants que le fabricant vous invite, sur le pas de sa porte, à vous offrir un de ces objets dont l'utilité est, tôt ou tard, certaine.

Mais laissons là ces indications macabres.

Une des curiosités de Hanoï est la citadelle, construite vers 1788 sur les plans d'officiers européens venus, à cette époque, dans la région.

Les murs, entourés d'un fossé rempli d'eau, ont un développement de un kilomètre sur chacune des quatre faces de la forteresse rectangulaire. C'est de cette citadelle que Francis Garnier s'empara vers 1873 et après lui le commandant Rivière en 1892, car, dans l'intervalle, la citadelle avait été abandonnée par nos troupes et remise entre les mains des mandarins.

Aujourd'hui la citadelle n'a plus guère d'utilité au point de vue défensif. Elle n'est qu'un souvenir historique.

* * *

La promenade ordinaire des habitants d'Hanoï est le grand lac, qui a 12 kilomètres de tour.

Comme curiosité dans les environs, il y a la pagode du grand Bouddha et la route de Son-Tay, où furent tués successivement Balny, F. Garnier et Rivière.

On nous indique l'endroit où on découvrit la tête de ce dernier. Un monument commémoratif est élevé en souvenir du fait d'armes au cours duquel Rivière, homme brave, mais déplorable commandant de troupes, trouva la mort.

Notre promenade en voiture dans cette direction est terminée par une visite au gendre de l'ancien vice-roi du Tonkin, aujourd'hui deuxième colonne de l'empire d'Annam, c'est-à-dire ministre de la Guerre.

Le beau-père nous avait abreuvé de champagne, le gendre nous offre des ananas, des papayers et des mangues.

Il nous invite à venir visiter avec lui la pagode de Bouddha, dont le culte se relâche de plus en plus dans toute cette partie de l'Indo-Chine. M. Bollard, qui, l'année précédente, avait été au Thibet, région où le bouddhisme est en grand honneur, raconte, tout en marchant, au mandarin, de quelle façon zélée se pratique dans cette région, qui compte plus de 3.000 couvents, le culte de Bouddha.

A Lhassa, résidence du souverain, on vient en pèlerinage, et M. Boniface intéresse vivement notre personnage en lui narrant quelques détails pittoresques sur la façon d'agir des fidèles bouddhistes.

Au Thibet, lui dit-il, les pèlerins tournent en longue file indienne autour des bonzeries, se prosternant à chaque pas, les mains jointes, le corps allongé sur le ventre, le front dans la poussière ou dans la boue. Qu'il pleuve, qu'il vente ou qu'il neige, la prosternation est de rigueur. Et cela dure pendant une longue journée.

Ceux qui ne peuvent pas s'allonger ont le droit de remplacer l'exercice du ventre-à-terre par la charge sur les épaules d'une lourde série de livres de dévotion.

Ils commencent à l'aurore et sont fourbus au crépuscule, mais Bouddha considère qu'ils ont débité toutes les prières contenues dans les livres de poids dont ils ont été accablés pendant douze ou quatorze heures.

Il existe là-bas, comme partout, des dévots cherchant, par des procédés ingénieux, à atténuer le rigorisme des pratiques religieuses.

Il en est qui ont imaginé de se servir d'un moulin à prières, qu'ils secouent comme un *cri-cri*. Il y a des prières écrites sur ce tourniquet appelé dans la contrée *Rchu-Kor;* chaque tour équivaut à une prière dite.

Un inventeur a même trouvé un procédé hydraulique tout à fait ingénieux. On expose le tourniquet au courant d'une onde pure et sans douleur, on obtient ainsi ses cinquante prières à l'heure, en moyenne.

Enfin il existe encore une autre mécanique à prières dont le système consiste à mettre un tonneau en mouvement. En le faisant tourner, il roule des prières, c'est fort original.

En payant un *boy* à l'heure pour faire mouvoir le tonneau, on obtient, paraît-il, auprès de Bouddha, les mêmes résultats qu'un fidèle ayant débité seul et sans stratagème les prières roulées par le tonneau.

Au Tonkin, les bouddhistes ne manifestent pas de cette façon, et le gendre de la deuxième colonne de l'empire d'Annam, qui comprend très aisément le français et le parle assez correctement, nous dit avec un sourire :

— Ici, les pagodes sont désertées. La mousse et l'herbe poussent dans les cours, les pierres s'effritent, et personne ne songe à réparer les édifices où règne l'abandon.

— Les dieux s'en vont ! soupire M. Bollard.

CHEF DE BONZERIE.

CHAPITRE XXI

VISITE AUX PAGODES. — UN BONZE DE CENT DIX ANS.
UNE EXÉCUTION DE PIRATES.

La remarque du haut mandarin qui nous accompagne, au sujet de l'abandon apparent des pagodes et de leur aspect délabré, nous est confirmée par les visites faites à quelques-uns de ces édifices religieux.

Toute trace de culte régulier semble avoir disparu de ces lieux où jadis le public se rendait en foule, célébrant Bouddha par des cérémonies publiques, aujourd'hui de plus en plus rares et irrégulièrement espacées.

Il n'y a pas en Indo-Chine de clergé bouddhique organisé, les congrégations n'ayant aucun lien les rattachant les unes aux autres.

Les chefs des bonzeries sont beaucoup plus sorciers que prêtres. Ils guérissent toutes les maladies et se livrent à des jongleries variées, qui maintiennent parmi les gens du peuple la superstition la plus naïve, la confiance la plus aveugle.

En réalité, la religion la plus répandue au Tonkin n'est

pas le bouddhisme des Indes, ni même celui du Cambodge.

C'est une variété du bouddhisme additionnée de croyances aux esprits, aux génies de l'air, aux êtres occultes exerçant sur les destinées une influence de tous les instants.

Notre mandarin nous explique qu'on sacrifie ici aux génies de l'agriculture, du Kop (tigre), pour se préserver des atteintes du terrible fauve, de la paix, de la guerre, de la mer, et jusqu'à certains génies, spéciaux aux maladies de la contrée.

Il en résulte une série de cultes divers se modifiant selon les lieux et suivant les circonstances.

Aussi, chez les marchands d'objets se rapportant aux cultes, on trouve des mannequins d'une extrême variété.

Au Cambodge, dans la pagode la Reine-Mère, sur la route d'Oudong aux tombeaux des rois Kmers, nous avions vu, au pied du gigantesque Bouddha, des offrandes rappelant la devanture d'un bazar; ici nous trouvons, dans les pagodes, des monstres fantastiques, des statuettes représentant les génies protecteurs, des éléphants, des tigres, des animaux étranges, des guerriers en pierre ou en carton-pâte, au visage grimaçant, aux yeux jaillissant des orbites, aux dents entr'ouvertes, prêtes à mordre. Quelques-uns sont bariolés de la plus étrange façon.

Tous ces objets, plus ou moins ridicules, sont des dons provenant des superstitions populaires.

Du reste, les mannequins apportés du dehors ont un cadre digne de la mascarade qu'ils offrent au regard du voyageur.

Les pagodes sont gardées par des dragons d'aspect bizarre, la gueule ouverte armée de crocs gigantesques. Des serpents énormes se contournent en spirales.

Les efforts d'imagination, ayant abouti à cette agglomération de monstres de tous les genres et de toutes les familles, répondent à cette conception naïve : que plus les gardiens en pierre de la pagode seront d'aspect effrayant, moins on osera profaner un lieu si terriblement défendu.

Très peu de ces pagodes ont des bonzes pour les protéger. Tant de génies réunis dans un seul endroit n'ont évidemment pas besoin des humains pour garder leurs demeures.

Il n'en est pas moins vrai que, trois mois avant notre arrivée dans une pagode des environs (on n'a pas voulu nous préciser l'endroit où un pareil méfait a pu se produire), des voleurs avaient réussi à dérober le gong suspendu à l'un des piliers, et aussi tous les bijoux, colliers, bagues et bracelets ornant le cou, les doigts et les poignets du génie de l'agriculture.

— Et il y en avait pour une grosse somme d'argent? interrogeons-nous.

— Si les bijoux étaient en argent et en or et si les pierres les ornant étaient réellement des pierres fines, les voleurs en ont emporté pour une valeur de plus de 10.000 francs.

— Comment! on ne sait pas exactement en quel métal étaient les bijoux?

— Non! ceux qui en ont orné le génie ont bien déclaré que leurs offrandes étaient toutes faites de précieux métaux et de pierres de valeur; mais, comme je connais mes compatriotes, je pense qu'en réalité le cuivre et le zinc remplaçaient l'or et l'argent et que diamants, topazes et rubis étaient surtout des morceaux de verre de couleur.

— Alors, à votre point de vue, le vol de 10.000 francs se réduirait à...

— Quinze piastres au maximum, c'est-à-dire à 37 fr. 50 environ; mais, comme on veut faire des exemples et montrer la puissance des génies, les bonzes déclarent partout que, parmi les cinq pirates dont l'exécution est prochaine, il y a les trois voleurs de la pagode, que Bouddha a livrés à la justice.

— Je m'explique pourquoi le bouddhisme est en décadence au Tonkin, dit M. Bollard. Si les prêtres de cette religion en sont maintenant à travestir le grand Çakiamouny en agent de la sûreté, ce n'est certainement pas cette conception baroque qui augmentera le prestige de leur Bouddha.

— Les peuples sont crédules, répond le mandarin de première classe, avec un fin sourire qui en dit long sur sa façon de juger l'humanité.

*
* *

Il y a plusieurs pagodes célèbres à Hanoï même, et dans les environs.

La pagode des Corbeaux est une des plus curieuses, et c'est en sortant de ce lieu, en compagnie de notre ami Escande, inspecteur des postes, que nous faisons la connaissance d'un respectable bonze, dont l'âge remonte au siècle dernier.

Cet homme vénérable venait d'atteindre sa cent dixième année.

Sa longue barbe blanche rejoignant une moustache tombante, ses yeux profonds qui semblaient posséder cette faculté du regard intérieur spéciale aux rêveurs et aux hommes traversant la vie sans voir ce qui se meut autour d'eux, donnaient à la physionomie de ce vieillard, un caractère particulier.

Ceux qui l'ont vu pendant quelques instants n'ont jamais dû l'oublier.

Affable, courtois, indulgent comme un sage ayant longtemps vécu — la jeunesse seule est intolérante — il avait, depuis bien des années déjà, cessé de s'étonner.

Un grand acte d'héroïsme, une vertu sensationnelle, un crime dépassant en horreur les limites de l'imagination, le

Un bonze de cent dix ans.

laissaient placide, résigné, indifférent en apparence, et tout le bruit de l'existence avec ses heurts et ses luttes ne parvenait plus à troubler cette quiétude quasi-solennelle.

Il était encore de ce monde, mais si peu!

Ce bonze nous reçut avec un sourire et nous fit offrir des sièges, du thé et des chiques de bétel. Il ignorait le français; mon interprète traduisit ses paroles :

— Soyez les bienvenus, jeunes gens (M. Bollard et ses cinquante-quatre ans saluèrent). Je vois par le teint de votre visage que vous appartenez à des peuples bien éloignés de nous. J'ai connu un missionnaire qui a mis trois ans avant d'arriver jusqu'ici. Il faut du dévouement et du courage pour accomplir un aussi long voyage.

Je prie notre interprète de demander à ce vénérable bonze si le missionnaire dont il parle est encore dans la contrée.

Notre traducteur me répond :

D'après ce que je crois comprendre, il doit y avoir cinquante-cinq ans que ce missionnaire est mort.

Il nous semble bien que le vieillard a dû en voir quelques autres depuis cette époque, mais, par une particularité singulière, le bonze ne se souvient d'aucun des faits postérieurs à 1850.

Est-ce atrophie de certaines cases du cerveau? Est-ce un système lui évitant toute discussion sur les faits de date relativement récente? Nous l'ignorons; mais, ce que nous constatons, c'est qu'il ne répond à aucune question relative à l'intervention française au Tonkin.

M. Bollard lui demandant s'il se souvenait de François Garnier, le vieillard fait un signe de tête que notre interprète nous dit être une négation.

— Si nous lui parlions des comptoirs hollandais créés dans son pays vers 1637, il serait capable de s'en souvenir, dit quelqu'un. Il n'a pas cent dix ans ; c'est trois cent dix ans qu'il doit compter.

Comme nous ne sommes pas venus chez ce bonze pour y apprendre l'histoire des temps anciens, nous prenons congé de lui après une entrevue de vingt minutes.

Il nous fait au départ le même sourire qu'à l'arrivée, et il l'accompagne du même geste.

Il aura sans doute oublié demain notre visite d'aujourd'hui. Mon boy, l'honnête, le brave *Tra*, qui nous a accompagné, me dit, une fois dehors :

— Lui, *viu gaga*, mais bon *viu* tout di même.

Gaga a cent dix ans ! c'est tout à fait oriental. En Europe, on l'est généralement beaucoup plus tôt.

***

Une des particularités du caractère des Annamites est leur mépris profond de la mort. Ils acceptent de passer de vie à trépas avec une résignation qui confine à l'indifférence.

Ils n'ont qu'une préoccupation : c'est celle des soins que recevront leurs dépouilles, lorsque le sabre du bourreau aura fait tomber leur tête sur l'herbe de la plaine réservée aux exécutions.

Ils désirent savoir où sera leur sépulture et se réjouissent d'apprendre qu'ils seront, de la part de leur famille, l'objet d'un culte incessant.

Il en est qui, pour mettre l'âme d'un condamné en joie, lui narrent à l'avance les offrandes qui seront faites à ses mannes.

On lui annonce un fréquent renouvellement de la chique de bétel, et, par l'imagination, on lui caresse l'odorat des parfums qui seront brûlés en son honneur.

UNE EXÉCUTION DE PIRATES.

Le malheureux a même le droit d'éprouver encore un sentiment de fierté.

On lui demande sa protection lorsqu'il sera devenu un esprit dépouillé de son enveloppe charnelle.

Quand leur famille les a rassuré à ces divers points de vue, ils ne se soucient pas plus de mourir que s'ils devaient ressusciter pendant l'heure suivante.

Nous avons assisté à l'exécution de cinq pirates coupables de crimes divers, entre autres de piller les jonques et les sampans remontant le cours du Song-Koï pour transporter des marchandises dans le Yun-Nan.

On avait arrêté ces pirates à Phu-Qui-Hoa, un peu avant Lao-Kay, ville frontière.

Nous allons conter les détails de cette cérémonie tragique :

* *
*

La décapitation d'un homme est toujours une chose horrible.

J'ai assisté une fois dans ma vie à l'exécution d'un assassin des moins intéressants, et j'ai pu suivre de près tous les préliminaires de la sinistre opération.

J'ai vu le réveil du malheureux; j'étais à quelques mètres de lui pendant la messe dite à son intention dans le parloir converti en chapelle. J'ai entendu grincer sur son cou le ciseau du bourreau taillant une large échancrure autour du col, et j'étais à cinq pas de la guillotine lorsque le couteau triangulaire s'abattit, jetant à l'éternité une tête qui roula sanglante, une cigarette encore aux lèvres, dans le panier placé devant la hideuse machine.

J'eus alors de cette vision macabre une impression angoissée, et, en revenant de la triste cérémonie, je dis franchement au procureur de la République, avec lequel je m'en retournais : — Je n'ai jamais mieux senti qu'aujourd'hui l'abominable chose qu'est la force ruée sur un être désarmé. Je sais bien que la société vient d'assassiner un criminel pour le punir d'un assassinat. C'est la peine du talion qui, n'étant pas dans les lois, se trouve dans les faits.

Ce gredin a lâchement égorgé une mère de famille et ses deux enfants, pauvres petits êtres n'ayant jamais pu nuire à personne ; l'aîné n'avait pas sept ans.

Il n'y a pas de mot pour flétrir un pareil acte, mais pourtant, quand je l'ai vu tout à l'heure, étroitement garotté, dans l'impossibilité de tenter un geste pour se défendre, entouré d'hommes assistant par profession ou par snobisme à son agonie d'une heure, brutalisé par le bourreau lui courbant la tête d'une forte pression de la main pour élargir plus aisément le col de la chemise, j'ai éprouvé un sentiment ressemblant à de la révolte. J'ai eu l'impression de l'abus commis par la force brutale sur la faiblesse pantelante.

Eh bien, cette impression, je l'ai retrouvée le jour de l'exécution des cinq pirates du fleuve Rouge.

Parmi les condamnés, il y avait deux hommes d'une quarantaine d'années, un de soixante ans ; les deux autres étaient d'une extrême jeunesse. Ils avaient peut-être vingt ans ; ils n'en paraissaient pas quinze.

Ils marchaient derrière les trois hommes, garottés comme eux et, comme eux, la lourde cangue au cou.

Ils regardaient la foule avec des yeux angoissés, cherchant instinctivement si, parmi ceux qui venaient les regarder mourir, il n'en était pas un prêt à leur venir en aide.

Ils se sentaient perdus, et pourtant on devinait qu'ils espéraient encore confusément une grâce arrivant à la dernière minute, un sursis d'un moment, la clémence de quelques instants de vie.

Néanmoins, aucun ne demandait grâce.

L'indifférence apparente de leurs camarades marchant devant eux leur donnait le stimulant qui leur eût peut-être manqué, s'ils avaient été seuls.

En arrivant au lieu d'exécution, une plaine voisine de la route de Son-Tay et située à moins d'un kilomètre d'Hanoï, le cortège s'arrêta.

Les têtes des exécutés.

On planta en terre de forts piquets : à chacun d'eux, on attacha un pirate, par la corde lui liant les mains.

Aussitôt liés, sans qu'on les y contraignît et d'un geste naturel indiquant qu'ils savaient, d'avance, tous les détails de l'horrible programme, ils s'agenouillèrent.

Les jeunes gens ne regardaient plus la foule. Ils observaient leurs aînés afin de se modeler sur l'attitude et sur les gestes de ces derniers.

On commença par le plus vieux des pirates. Quand il courba la tête, tendant le cou pour recevoir le choc mortel de la lame de sabre du bourreau, les autres pirates courbèrent également la tête, attendant la mort, sans un cri, sans une protestation.

Détail tragique : en voyant à distance ces faces contractées, il me semblait apercevoir sur ces visages la grimace gouailleuse du rire, narguant le bourreau, à la minute suprême où la mort saisissait ces hommes d'une étreinte inexorable.

J'ai vu, un jour, dans un incendie, un homme entièrement carbonisé, accroché à une gouttière et qui riait de ce rire-là.

Tout à coup, je vis tournoyer au-dessus de la tête du plus vieux des pirates une lame sur laquelle le soleil levant jeta une étincelle; j'entendis un han! crié d'une voix rauque, et une tête roula dans l'herbe.

Au même instant, un flot de sang jaillit du tronc, encore maintenu au piquet par des cordes.

Ce n'était pas le pirate qui avait crié, c'était l'exécuteur.

Vingt secondes après, nouveau *han!* nouvelle boule humaine roulant à terre et rebondissant sur des touffes de fleurs jaunes, soudainement teintées en rouge.

Je n'en vis pas davantage, et tournant la bride de mon cheval vers la ville, je m'enfuis, courbé sur l'encolure de la bête ayant encore, dans les oreilles, le cri guttural du bourreau abattant lourdement son sabre et, devant les yeux, la vision de ces têtes roulant sanglantes parmi les fleurs, pendant que jaillissait des troncs une cascade pourpre arrosant l'herbe d'où montait une vapeur.

*
* *

Quelques heures après, les têtes des cinq pirates, accrochées, par leur long chignon, aux piquets d'exécution, étaient exposées à l'endroit même où avait eu lieu la macabre cérémonie.

Les troncs avaient été emportés dans la matinée et rendus aux familles des condamnés. Les oiseaux pépiaient gaiement dans les haies, et la fleur de lotus se balançait doucement sur sa tige, caressée par une légère brise.

Très haut dans le ciel, des corbeaux traçaient de grands cercles, attendant sans doute la nuit pour s'abattre sur les têtes exsangues.

Au pied des piquets, l'herbe était sèche.

La terre avait bu tout le sang répandu, puisant dans cette rosée sanglante des forces nouvelles pour ses floraisons des lendemains.

Une route près du Yun-Nan.

CHAPITRE XXII

SUR LE FLEUVE ROUGE. — KOP VA MANGER LA LUNE. — LAO-KAY. — QUELQUES JOURS AU YUN-NAN. — LE TARIF DES HÔTELLERIES CHINOISES.

Nous avons projeter de remonter le fleuve Rouge jusqu'au point terminus de la navigation à vapeur et de nous rendre dans le Yun-Nan.

Notre intention est de nous arrêter d'abord à Lao-Kay, sur la frontière de Chine, mais le voyage est long, et nous devons faire de fréquentes escales.

Nous nous arrêtons un matin dans un village à quelque distance de Himg-Hoa, avec la pensée d'y séjourner pendant vingt-quatre heures. M. Bollard doit s'y livrer à d'intéressantes recherches.

Il nous raconte confidentiellement qu'il pense trouver dans la région boisée de ce pays quelques échantillons de *Lagœrstrœmia*, arbre forestier flexible et à la fois très résistant. Notre savant ne nous dissimule pas davantage qu'il compte, en outre, emporter dans sa boîte en fer-blanc un spécimen du *cyanodaphne cuneata* qui sert à la tabletterie, et, dans l'ordre botanique des *Labiées*, le *romarinus officinalis*, produit pharmaceutique et odoriférant dont il connaît les propriétés bienfaisantes.

Il nous demande le secret sur le résultat de ses recherches, si toutefois elles aboutissent.

— Ce n'est point, nous dit-il, par esprit de lucre, mais simplement pour démontrer plus tard, à nos savants français, combien l'étude de la région que nous explorons pourrait avoir d'utilité au point de vue industriel.

Nous promettons à M. Bollard la plus entière discrétion ; néanmoins, comme je doute fort que la révélation de l'objet de ses recherches dans les forêts avoisinant le fleuve Rouge puisse jamais lui susciter un concurrent sérieux, je m'empresse de divulguer son secret.

Pourvu, mon Dieu, que les lecteurs de ce livre n'aillent pas en abuser au point de boucler précipitamment leurs valises pour se ruer à la recherche du *romarinus* ou du *cyanodaphne cuneata !!!*

Dormez tranquille, M. Boniface! Je connais mes concitoyens. Vous leur crieriez vos projets du haut de la Tour Eiffel, que pas un seul ne s'en sentirait troublé au point de faire un trajet de trente jours de mer et de quinze jours de fleuve, — sans compter le temps du retour, — pour vous enlever le bénéfice de vos laborieuses excursions et de vos savantes recherches.

*
* *

Ce jour-là, vers cinq heures de l'après-midi, après avoir traversé le village, au retour de sa promenade en forêt,

M. Bollard me rejoignant dans le *cagnia*, improvisée par nous, en hôtellerie, me dit :

— Il y aura ce soir une éclipse de lune, et j'ai appris tout à l'heure, par l'indiscrétion d'un boy, qu'un sorcier du voisinage annonçait ce phénomène depuis plusieurs jours.

C'est même, ajouta-t-il, une chose curieuse que ce sorcier ait pu indiquer cette éclipse avec tant de précision.

— Ce sorcier-astrologue a sans doute des notions d'astronomie et des instruments lui permettant de faire des observations.

— Je crois plus tôt à une traduction des rapports communiqués à Hanoï et dont il a eu connaissance par des indiscrétions.

— Et comment annonce-t-il l'éclipse ?

— Oh ! de la façon la plus..... indo-chinoise du monde. Il prédit que Kop, génie des forêts et des fauves, mangera la lune cette nuit, à dix heures neuf minutes.

— Que vont faire les indigènes ?

— Nous le saurons ce soir, répondit le sagace et circonspect membre correspondant de l'Institut.

***

Dès huit heures, c'est-à-dire peu d'instants après le coucher du soleil, tous les indigènes du district, armés de gongs et de tam-tam, se trouvaient réunis au sommet de la colline dominant la contrée.

Immobiles, le nez en l'air et la bouche ouverte, ils contemplaient la lune qui rayonnait placidement au zénith, ne se doutant guère que Kop allait venir la dévorer tout à l'heure.

La nuit était d'une admirable pureté ; les étoiles, trouant de points lumineux la voûte d'azur, brillaient d'un scintillement un peu pâle, par suite de la clarté de cette belle soirée tropicale.

M. Bollard, renversé sur le dossier d'un large fauteuil en rotin, dit :

— Un siècle environ avant Jésus-Christ, Hipparque de Rhodes, qui fit un catalogue des étoiles du ciel, en compta 1.022, qu'il nomma, ce qui fit dire à Pline l'ancien : « Nommer les étoiles est une tentative bien audacieuse pour un homme. Elle le serait même pour un dieu. »

Si Pline revenait aujourd'hui et comparait le catalogue d'Hipparque avec celui de l'Observatoire de Paris, il serait bien surpris de voir que les 1.022 étoiles d'alors dépassent actuellement un million, dont on a su déterminer la situation de la façon la plus précise.

— Le ciel de cette époque était pourtant le même que celui d'aujourd'hui, fit observer en riant un fonctionnaire de résidence qui nous accompagnait.

— Pas tout à fait, répondit M. Bollard. Vous n'ignorez point que l'axe de la terre se déplace.

— Ne vous trompez-vous pas? reprit le fonctionnaire après un instant de réflexion. Si votre assertion était exacte, notre étoile polaire, qui est, je crois, à 1° 5′ du pôle, ne se trouverait plus à la même distance, dans quelques siècles.

— Vous n'en pouvez point douter, répondit M. Boniface.

L'étoile de queue de la Petite-Ourse que nous appelons « étoile polaire », parce qu'elle se trouve, par sa situation, à l'extrémité de l'axe de rotation de la terre, ne sera plus au pôle dans quelques milliers d'années. Il y a quatorze mille ans, notre étoile polaire était Véga, de la Lyre; dans onze mille ans, ce sera elle encore qui se retrouvera au pôle boréal.

Le déplacement de la terre est de 23° environ, dans un

Une ferme au Tonkin.

espace de temps un peu supérieur à vingt-cinq mille ans. J'ajoute que la Croix du Sud, cette superbe constellation australe que nous admirions tous les soirs pendant notre traversée de l'océan Indien, était encore, il y a trois mille ans, visible en France. Il est vrai qu'à cette époque la France n'était pas encore la France, ni même la Gaule.

— Lorsque Véga sera redevenue de nouveau l'étoile d'orientation, que serons-nous devenus, nous, pauvres atomes montés sur pattes, qui venons en ce moment admirer la lune que va dévorer Kop, dans un instant?

— Qui sait, répondit d'un air rêveur M. Bollard, les yeux tournés vers la voûte du firmament. Nous habiterons peut-être un de ces points lumineux que nous voyons briller dans l'espace et qui sont, en réalité, des mondes!

— Dans ce cas, dit quelqu'un en riant, je voudrais habiter une étoile rouge.

— Il y en a dans les constellations de la Vierge, du Chien, du Cocher, et dans d'autres encore, reprit M. Boniface.

Sirius et Véga sont des étoiles blanches; Acturus et Aldébaran sont jaunes; Antarès est orangée; vous n'avez que l'embarras des couleurs. Messieurs, faites vos choix.

— Et le plus tard possible, en voiture, dit le fonctionnaire.

A ce moment, Tra, mon boy, me tirant par la manche, me dit :

— Moi, Monsieur, pas vouloir aller dans étoile jaune.

— Pourquoi cela? demandai-je, amusé.

— Parce qu'y doit y en avoir beaucoup de Chinois. Moi, pas aimer les Chinois; tous filous!

Tout à coup un vacarme étourdissant se produisit. Vingt gongs, mis en vibration par des bras vigoureux, faisaient un effroyable tintamarre, auquel se mêlait — addition harmonieuse — le bruit de cinquante tam-tam scandant les cris poussés par des centaines d'indigènes.

Le phénomène céleste commençait, et avec lui la musique lunaire.

Pendant toute la durée de l'éclipse partielle, le bruit alla sans cesse en augmentant d'intensité; des pétards éclataient, une fusillade ininterrompue crépitait. Et l'infernale musique continuait d'accompagner, dans une épouvantable cacophonie, cette démonstration tapageuse destinée à effrayer Kop et à lui faire lâcher la lune.

Kop enfin, se décida, et au fur et à mesure que le disque lunaire reparaissait, des cris de joie montaient vers le ciel en même temps que les menaces et les imprécations destinées à cet affreux Kop redoublaient afin d'augmenter sa terreur.

Quand tout fut terminé, notre interprète nous dit :

— Pour empêcher le mauvais génie de revenir, ils vont continuer jusqu'au matin à tirer des pétards et des coups de fusil.

— Si vous m'en croyez, nous irons plus loin? me demanda M. Bollard.

— Bien volontiers, car je n'ai pas la moindre envie de passer la nuit à voir et à entendre tirer des pétards.

Une demi-heure après, nous étions loin de ce bruyant village, et c'est à peine si, de loin en loin, l'écho des montagnes nous renvoyait encore, en notes affaiblies, le bruit de la pétarade dont Kop avait les honneurs.

* *

Deux jours après, nous étions à Lao-Kay.

On sait que cette petite ville, point extrême de notre possession du Tonkin, se trouve sur la frontière du Yun-Nan.

Par sa situation, Lao-Kay deviendra très prochainement le

Thanh-Hoï (Vue générale).

lien de transit et d'échange des produits européens avec les produits du sud de la Chine.

Aujourd'hui, cette ville est déjà l'entrepôt naturel des marchandises venant du Yun-Nan. Elle fut longtemps un refuge de pirates.

Il a y vingt ans, Lao-Kay était en la possession des Pavillons Noirs, qui percevaient un droit de douane sur toutes les marchandises passant sur le fleuve Rouge. Ce droit dépassait, même après la guerre, 150.000 francs par mois. Il n'en est plus de même depuis que cette ville, qui semble appelée à devenir un grand marché, appartient à la France.

Notre but, en venant à Lao-Kay, était surtout de pénétrer dans le Yun-Nan. Nous nous renseignons sur la marche à suivre pour réaliser notre désir.

On nous donne des indications sur la façon de faire le voyage, et on nous précise, comme ville rapprochée de la frontière, mais présentant néanmoins un réel intérêt, Mong-Tzé. Nous prenons nos dispositions pour partir dans cette direction dès le lendemain.

*
* *

La durée du trajet de Lao-Kay à Man-Hao est de quelques heures.

Le fleuve est très encaissé, et les rapides qui roulent des galets rendent la navigation très difficile.

Nous avons loué pour nous rendre au Yun-Nan une jonque chinoise un peu moins confortable encore que celle sur laquelle nous nous sommes tenus recroquevillés pendant toute une nuit, dans notre trajet de Tourane à Hué, par le col des Nuages.

Ici, nous avons le droit de nous asseoir à l'avant ou à l'arrière. Quant à prendre place sous la toiture en natte gracieusement arrondie et qui n'est que la demi-circonférence d'un cercle n'ayant pas un mètre de rayon, c'est une alternative assez peu engageante pour que nous y renoncions, sans même nous risquer à faire une tentative.

Du reste, le temps est admirable, et, si nous n'avions pas 38°, nous nous trouverions dans une situation très supportable.

Partis le matin vers sept heures, nous arrivons à deux heures de l'après-midi à Man-Hao.

Cette ville est située à une altitude de 300 mètres au-dessus du niveau de la mer; les grandes jonques ne vont pas plus loin. Il y a là un transbordement des marchandises venant de Hanoï, par Lao-Kay.

On dépose les colis à terre, lorsque ces derniers doivent être dirigés vers Mong-Tzé. Et on porte dans de petites barques à fond plat les marchandises à destination de Yuan-Tchiang.

C'est à Mont-Tzé, ainsi que je l'ai dit plus haut, que nous désirons nous rendre.

Trois moyens de locomotion nous sont offerts: les chevaux, les mulets, ou la chaise à porteurs.

Nous avons beaucoup apprécié en Annam ce dernier système de transport, aussi est-ce celui que nous adoptons.

On nous prévient toutefois que, pour arriver à Mong-Tzé, ville située au fond d'une vallée, nous aurons à faire une ascension presque constante. Avant de descendre dans la plaine, il nous faut atteindre une élévation de plus de 2.000 mètres. Nous en acceptons les fatigues, car, bien que portés sur les épaules des coolies, il y a des pentes qui imposent la nécessité de mettre pied à terre afin d'éviter de se faire raboter les talons à chaque ondulation de terrain.

D'autre part, nos sentiments d'humanité nous incitent à décharger les épaules de nos porteurs sur des côtes pénibles à gravir.

C'est, en réalité, la moitié de la route à faire à pied, mais nous devons coucher en chemin, au quinzième kilomètre environ, et cette perspective de marche en montagne n'est pas pour nous donner une hésitation.

Le lendemain, à la pointe du jour, nous étions en route. Nous remarquons, à notre grande surprise, que la voie est dallée et fort bien entretenue. C'est, nous dit-on, la route impériale.

Nous nous arrêtons à Yaot'eou, et deux aubergistes chinois viennent nous faire des offres de services.

La langue chinoise mandarine est la seule usitée dans cette région, aussi, connaissant ce détail, avons-nous emmené avec nous un interprète.

Nous prions le compradore de nous traduire les propositions des hôteliers.

Le programme qu'ils nous exposent ne se recommande pas par une extrême variété.

Ils nous offrent des lits avec moustiques et, comme comestibles, du riz, des œufs et de la volaille. Les denrées se payent avant la cuisson; les chambres ne se soldent qu'au départ.

En somme, le dîner est à la carte et il se règle au moment de la commande.

Nous acceptons les offres d'un des aubergistes chinois qui se confond en salamalecks, ou — pour parler un langage plus approprié à la région — en *chin-chin*.

Une demi-heure après, nous sommes à table, et nous comprenons pourquoi les plats se payaient d'avance. Les œufs étaient tous d'un âge suffisamment avancé pour avoir le droit de devenir poulet dans les quarante-huit heures; la volaille offrait au couteau la résistance d'un poulet de théâtre; il y avait réellement que le riz de passable, encore était-il trop salé.

M. Boniface fait remarquer à ce sujet que l'addition,

présentée un instant avant, l'était bien davantage encore.

Le tarif de cette hôtellerie perdue dans un coin du Yun-Nan était plus élevé que celui des grands hôtels des capitales de l'Europe.

Nous manifestons à ce sujet une amertume que transmet le compradore à notre aubergiste.

Ce dernier répond avec tranquillité qu'il n'a pas l'honneur de recevoir chez lui un Européen tous les trois ans, aussi profite-t-il de la circonstance.

Confucius a dit : tout être qui naît a droit à la vie.

Et notre Chinois prétend vivre... à nos dépens ce jour-là.

*
* *

Le lendemain, nous déjeunons à Shuit'ien ; nous faisons un arrêt d'une heure à Asautchai, et dans l'après-midi nous arrivons à Mong-Tzé.

Cette ville est le centre du marché et de la production du plateau du Yun-Nan, et il est probable que, dans un temps très rapproché, nos négociants et industriels du Tonkin s'y rendront d'une façon très fréquente.

Un détail qui indique combien ce point du Yun-Nan paraît être important : une ligne télégraphique relie actuellement Lao-Kay à Mont-Tzé.

Nous ne séjournons que vingt-quatre heures dans cette ville chinoise.

J'avais pour ma part accompli, en me rendant en ce lieu, un des points de mon programme. Je m'étais rendu compte de l'extrême facilité avec laquelle, en remontant le cours du Song-Coi, on pouvait se rendre de Hanoï au Yun-Nan sans courir le moindre danger, si ce n'est celui d'être écorché par les hôteliers chinois de la région.

M. Bollard, de son côté, était on ne peut plus satisfait.

Il avait augmenté son herbier de quelques plantes, ses bagages de quelques kilos, et c'est avec un accent ému qu'il me dit :

— Si nous séjournions ici huit jours de plus, les quatorze caisses qui vont me suivre en France s'additionneraient de deux colis supplémentaires, et mes concitoyens connaîtraient toutes les variétés du *cyanodaphne*.

Puis, avec un soupir, il ajouta :

— Ils n'en connaîtront que deux !

— Que voulez-vous, M. Boniface ! on ne peut pas avoir tous les bonheurs à la fois !

Une hôtellerie au Tonkin.

CHAPITRE XXIII

LES AUBERGES DU TONKIN. — LE NUOC-MAN.
UNE SOIRÉE CHEZ UN FUMEUR D'OPIUM.

Sur les routes du Tonkin, nombreuses sont les auberges, en plein vent.

Le voyageur qui se rend à pied d'une ville à l'autre trouve très aisément les éléments d'un repas, surtout s'il sait, comme le sage d'Horace, se contenter de peu.

On ne fait pas, dans ces régions, dix kilomètres sans rencontrer une hôtellerie, s'il est permis de désigner sous ce vocable la modeste baraque se dressant sur quatre piquets supportant une toiture de feuillage.

Dans les environs de Keso, non loin de la ferme des 99 Collines, nous avons eu l'occasion de nous arrêter dans une de ces auberges, et nous y avons fait un repas dont j'ai gardé le souvenir, supériorité sur mon estomac qui n'en a rien conservé.

Nous avions quitté le Yun-Nan depuis plusieurs jours, et nous redescendions le fleuve Rouge avec une rapidité qu'expliquait le fort courant nous entraînant vers Hanoï, lorsque M. Bollard, que son désir d'herboriser hantait jour et nuit, fit la proposition de quitter le bateau pour parcourir pédestrement la région avant de regagner la capitale tonkinoise.

J'avais adhéré à ce projet, et, pendant que plusieurs de nos compagnons continuaient de naviguer, nous nous enfoncions dans les terres, M. Boniface et moi, accompagnés d'un compradore et de dix coolies portant nos bagages.

A l'entrée d'un bois, nous avisons une maison ayant des apparences d'hôtellerie. C'en était une.

Nous questionnons le Chinois tenancier de cette auberge sur le menu du jour, et voici ce que le compradore nous traduit de la réponse de l'excellent homme :

— J'ai à offrir à ces messieurs du riz cuit à l'eau et un bon morceau de chien rôti, arrosé de nuoc-man.

Le compradore annamite, en nous énonçant ces choses, avait dans l'œil un éclair de convoitise indiquant combien lui paraissait agréable un pareil festin.

M. Bollard et moi restons sans enthousiasme.

Le chien rôti, passe encore; mais le nuoc-man... pouah!

On comprendra notre répugnance quand nous aurons dit que le nuoc-man est fait de poissons corrompus jusqu'à la liquéfaction. Les indigènes laissent fermenter dans des jarres en terre cette décomposition, et, quand elle exhale une odeur repoussante, on l'additionne de quelques piments et on obtient ainsi une sauce relevée, considérée par les Annamites comme supérieurement appétissante. Je dis à l'interprète :

— Répondez à votre gourmet d'aubergiste que nous acceptons le chien rôti, mais il pourra faire l'économie de son nuoc-man.

Une route au Tonkin.

— Impossible, nous répond-on. La gigue du toutou n'est plus à cuire. Elle mijote depuis hier dans le nuoc-man parfumé. Impossible de séparer la viande de son condiment.

J'exprime ma répugnance pour ce plat odoriférant, et le compradore me répond :

— Est-ce que Monsieur aime le fromage ?
— Beaucoup.
— Tous les fromages ?
— A peu près tous.
— Même le géromé ?
— Même le géromé.
— Et aussi le roquefort ?
— Ah çà ! mais tu connais donc tous les fromages de France pour les nommer ainsi ?
— Je connais le roquefort et le géromé, parce qu'un manuel annamite affirme que ce sont les deux fromages qui sentent le plus mauvais.
— Bon ! mais pourquoi cette suite de questions ?
— Parce que les fromages que j'ai nommés sont aussi le résultat de la décomposition et de la pourriture. Les vers y grouillent, et il y a pourtant des Français qui les trouvent délicieux. C'est pourtant beaucoup plus dégoûtant que le nuoc-man, que la fermentation a débarrassé de certaines impuretés !

L'observation du compradore annamite, sans vaincre par une inutile comparaison mes répugnances, me décide toutefois à goûter le chien arrosé de nuoc-man.

M. Bollard, après un moment d'hésitation, s'attable avec moi devant ce plat indigène.

Il a très faim, et on ne lui a pas laissé l'embarras du choix.

— Je suis un résigné ! soupire notre savant, en découpant dans son assiette quelques morceaux de chien dûment arrosés de la fameuse sauce.

Nous portons à nos lèvres au même instant, et en nous observant du coin de l'œil, la première bouchée; subitement nous échangeons une grimace.

Le salmis de pattes de canard à l'huile de ricin de notre menu chinois du mois dernier nous avait paru moins mauvais.

Pour essayer de réagir, et nous remettre le cœur en place, je risque cette comparaison :

— On croirait manger un morceau de viande au beurre d'anchois.

— Quelle viande!... et quel beurre! gémit M. Bollard, qui, la fourchette levée, ne sait plus s'il doit se risquer à continuer l'expérience.

Il convient d'ouvrir ici une parenthèse pour expliquer que nos fourchettes provenaient de nos nécessaires de voyage, l'aubergiste nous ayant simplement offert à chacun deux petites baguettes de bois, selon la méthode sino-annamite.

Nous risquons la deuxième bouchée, mais avant la troisième, les deux convives avaient disparu, l'un à droite, l'autre à gauche.

Nous n'avons pas l'estomac conservateur, dit un instant après M. Bollard, en demandant un verre d'eau.

※
＊ ＊

Quelques jours après, nous étions de retour à Hanoï.

Nous utilisons notre séjour dans cette ville en la parcourant dans tous les sens. Nous visitons la rue des Incrustations, la rue de la Soie, la rue des Cercueils, etc...; je l'ai dit plus haut, toutes indiquent par leur nom le genre de fabrication ou de commerce qui s'y fait.

Dans chacune de ces rues, nous nous arrêtons pour pénétrer dans quelques boutiques. Nous y voyons exécuter sous nos yeux le travail des indigènes.

Il y a là de fort habiles ouvriers, et, dans le quartier de la soie brochée, par exemple, nous assistons à des travaux d'une délicatesse exquise affirmant un art consommé de la reproduction des fleurs et des oiseaux.

A l'heure des repas, nous nous rendons au cercle, superbe bâtiment construit à l'européenne où un cuisinier de premier ordre nous fait oublier les menus bizarres qui nous ont été servis au cours de nos pérégrinations.

C'est notre ami Escande, inspecteur des postes, qui nous fait les honneurs de cette maison hospitalière.

Un soir nous décidons de nous rendre au théâtre d'Hanoï pour y entendre la troupe d'opéra et d'opéra-comique venue d'Europe.

En pareille matière, on n'a pas le droit d'être difficile à 20.000 kilomètres de Paris. On nous sert comme nouveauté de la saison : *le Voyage en Chine*.

Le deuxième acte nous trouve fuyant à travers les rues, ayant encore dans les oreilles le fausset de la chanteuse et les borborygmes du ténor. Le théâtre chinois de Pnom-Penh était plus drôle.

* *

Deux jours avant notre départ pour Haïphong, un Français, habitant Hanoï, m'invite à passer la soirée chez lui.

C'est un grand fumeur d'opium devant l'Éternel. Il a le teint mat, d'une lividité étrange, ses yeux ont des prunelles démesurément agrandies, sa maigreur nous fait songer au sorcier Rach-Tra de la pagode cambodgienne.

Nous prenons en sa compagnie quelques tasses de thé, et nous le voyons se livrer sous nos yeux, allongé sur un divan, à son plaisir favori.

Il prépare lui-même sa pipe avec le plus grand soin, faisant tourner au-dessus d'une petite lampe allumée une boule d'opium suspendue à l'extrémité d'une longue aiguille.

Quand l'opium est à point, il le dépose sur le fourneau de sa pipe en écail, introduit l'aiguille dans l'ouverture pour établir le tirage, porte l'extrémité ambrée du tuyau à sa bouche, aspire lentement et chasse la fumée, la tête renversée en arrière dans une pose de béatitude.

Une pipe d'opium se fume en dix secondes. Aussitôt que s'est déroulée en volutes bleuâtres la dernière spirale de fumée, notre hôte se relève un peu et nous dit :

— C'est exquis !

L'odeur âcre et très particulière qui nous prend à la gorge nous empêche de considérer son affirmation comme exacte, et je lui fais part de mes doutes.

— Voulez-vous me préparer une pipe? lui demandai-je. Je ne me rends pas très bien compte des sensations agréables que peut vous produire l'opium. Je ne serais pas fâché d'en goûter un peu.

— Jamais, me répond-il, je ne consentirai à vous faire fumer chez moi une pipe d'opium.

— Et pourquoi cela ?

— Parce que la première pipe, sans vous donner la sensation délicieuse éprouvée par un fumeur comme moi, stimulerait votre curiosité et vous ferait en goûter une seconde, puis une troisième, et sur cette pente on ne sait jamais quand on s'arrêtera.

Il y eut un instant de silence, puis, il reprit :

— C'est-à-dire que je le sais, moi, où je m'arrêterai. Dans six mois, peut-être moins, mais très certainement pas plus, j'aurai cessé de m'engourdir l'intelligence et d'atrophier en moi tout ce qui reste de vitalité.

— Que voulez-vous dire ?

— Simplement que je serai mort. Regardez-moi un peu attentivement, et vous comprendrez qu'en m'accordant un délai de six mois avant de quitter ce monde j'exagère.

— Puisque vous connaissez le résultat fatal où vous conduit l'opium, pourquoi continuez-vous à fumer ce poison ?

— Pourquoi ? mais parce que je ne puis plus m'en déshabituer, parce que l'opium m'est nécessaire comme à un chien sa pâtée quotidienne, parce que la terrible substance s'est emparée de moi, m'intoxiquant jusqu'aux moelles, et qu'il me serait impossible, aujourd'hui, de me passer d'elle.

— Pourtant, avec un peu d'énergie, vous pourriez renoncer à une habitude qui vous tue.

— Je n'ai plus d'énergie.

— Un ami dévoué pourrait en avoir pour vous et vous supprimer l'opium et la pipe, en jetant ces deux choses par la fenêtre.

— D'abord, je n'ai pas d'ami ; ensuite, si j'en avais un et qu'il fasse ce que vous venez de dire, je le chasserais, puis, j'irais ramasser ce qu'il aurait jeté.

— Mais la pipe se briserait en heurtant le pavé ?

— Je courrais en acheter une autre, deux autres, vingt autres que je cacherais soigneusement afin qu'on ne puisse pas me les dérober.

— Pourtant si, malgré tout, on arrivait à vous empêcher de vous livrer à votre manie ?

— Dites mon vice. Eh bien ! si je manquais d'opium, ce

soir par exemple, sans espoir d'en avoir avant longtemps, je me brûlerais le peu qui me reste de cervelle cette nuit même.

— Vous ne parlez pas sérieusement ?

— Hélas ! je ne sais que trop combien je dis la vérité en ce moment. L'opium est la seule chose qui me donne encore la force de vivre. J'ai un amer dégoût de tout ce qui m'entoure. Les réalités de l'existence me choquent ; j'ai besoin du rêve qui me fait oublier et qui m'entr'ouvre la porte des régions paradisiaques entrevues dans mes extases.

Je ne suis plus le même homme quand j'ai fumé cent pipes d'opium. Je perds d'une façon absolue la notion des choses. L'ivresse qui paralyse mes membres active momentanément mon cerveau, et, à ce moment-là, je possède une acuité de vue extraordinaire. Je lis dans le cerveau de ceux qui m'entourent avec plus de précision que n'en avait l'homme qui regardait à travers le lorgnon magique de Mme de Girardin.

Puis, quand l'ivresse s'est dissipée, je retombe lourdement dans les réalités, avec un peu plus d'amertume au cœur, avec plus de lassitude de la vie et un immense besoin de m'endormir du sommeil dont on ne se réveille plus.

Aussi, je n'appelle pas la mort, mais je la sens venir, et je ne fais rien pour l'éviter.

J'avoue que les déclarations de cet homme me troublaient. Il était très visiblement d'une sincérité absolue. L'opium a-t-il donc de si terribles effets !

Pendant qu'il me disait ces choses, il avait préparé une seconde pipe. Il la fuma comme la première, et je retrouvai dans son regard, dans la détente visible des muscles de cette face blafarde, la même expression de béatitude que tout à l'heure.

— Avec une façon de vivre aussi étrange, lui dis-je, vous ne devez pas aimer le monde et les visites ?

— Je n'aime que la solitude.

— Dans ce cas, pourquoi m'avez-vous invité à venir prendre le thé chez vous?

— Parce que je sais que vous ferez un livre sur votre voyage en Extrême-Orient et qu'il sera peut être utile pour d'autres de signaler les effets pernicieux de l'opium.

— Alors, vous désirez que je raconte notre entrevue de ce soir?

— Je n'ai pas eu d'autre but en vous priant de me venir voir. Je vous prie surtout de ne rien omettre.

Quand votre livre paraîtra, je serai mort, mais il y a de mon cas une leçon à tirer. Racontez simplement ce que vous avez vu, et, si mon histoire peut mettre en garde contre l'opium ceux que les hasards de la vie appelleront plus tard à séjourner en Extrême-Orient, vous aurez fait une œuvre utile en signalant à tous la criminelle substance.

Course en baquets.

CHAPITRE XXIV

A LA PLAGE DE DO-SON. — UN PUGILAT ENTRE CHINOIS. — HONG-KONG. — DEUX JOURS A CANTON. — LE RESTAURANT FLOTTANT.

Nous avons quitté Hanoï depuis douze heures, et nous voici de nouveau à Haïphong, parcourant ce qui reste du vieux quartier indigène et cherchant à y retrouver un peu du cachet pittoresque qu'il avait avant l'occupation française.

Nous sommes invités à assister à une course en baquet qui doit avoir lieu vers cinq heures du soir. Une description de ce genre de sport est inutile, le nom seul de ces courses en faisant comprendre le caractère et deviner les péripéties.

Nous avons toutefois constaté que la première des qualités des concurrents était de savoir nager, car fréquents sont les plongeons dans l'exercice de cette gymnastique aquatique.

Notre boy, qui connaît les distractions de la ville, nous affirme que c'est beaucoup moins amusant que la course aux canards. Nous regrettons de ne pouvoir faire une comparaison, mais il nous faudrait attendre une huitaine de jours, et le temps nous est compté. Le paquebot partant pour Hong-Kong doit quitter Haïphong le surlendemain.

Nous profitons de la matinée de notre dernière journée de séjour dans ce port pour nous rendre dans la presqu'île de Do-Son, station balnéaire très fréquentée par les habitants de Haïphong.

Ici, un détail pittoresque nous attendait.

Dans notre voyage en Annam, nous avions usé, comme moyen de locomotion, de la chaise à porteurs, et nous avions eu quelque honte pendant les premières heures du voyage à nous voir porter par quatre Annamites que ce lourd fardeau obligeait à de fréquents changements d'épaules.

Qu'eussions-nous pensé si nous avions été contraints d'employer le système en usage à Do-Son !

Ici, ce ne sont point des hommes qui portent les chaises suspendues ; c'est aux femmes que revient cet honneur... ou cette corvée.

Et il est inutile de solliciter des coolies d'un autre sexe pour ce genre de transport. Les femmes en ont fait une spécialité et comme, après tout, elles y trouvent le bénéfice de quelques piastres, on a le sentiment qu'on les désobligeraient fort en refusant leurs services.

Toutefois, ce n'est point avec enthousiasme qu'elles ont accepté d'accaparer à leur profit cette industrie pénible. Elles ont le mépris le plus complet de l'homme qu'elles véhiculent, et il n'est pas rare d'entendre des dialogues de ce genre entre les porteuses promenant un Européen et des compagnes rencontrées en chemin.

— Où vas-tu donc ainsi ?
— Au marché.
— Pourquoi faire ?
— Pour y vendre le porc que tu vois s'étaler dans cette

PLAGE DE DO-SON.

chaise, le groin au vent, le sang riche, prêt à toutes les saignées.

Les amies applaudissent à l'image des boudins entrevus, sachant néanmoins que le porc en question n'est pas, par destination, réservé à faire étalage dans une boutique de charcuterie, entre la saucissonnaille et le gigot de chien.

Naturellement, ces aimables appréciations sont toujours formulées en dialecte indigène, ce qui en évite la pénible compréhension à la plupart des Européens.

Sur la plage de Do-Son, nous assistons à une bataille en règle entre deux Chinois.

L'un des deux avait qualifié l'autre : « d'œuf de sauterelle », grave injure à ce qu'il paraît.

L'insulté avait aussitôt roulé autour de sa tête sa longue natte, et, après avoir gratifié son insulteur de l'épithète vengeresse de « crabe bouilli », s'était jeté sur lui pour le mordre.

Dans les pugilats entre Chinois, les dents jouent un rôle aussi important que les poings.

Les deux antagonistes étaient en train de se rouler consciencieusement sur le sol, essayant réciproquement de s'emplir la bouche de sable, lorsque la police arriva.

Elle emmena nos deux Chinois, qui, tout en marchant dans la direction du poste, ne cessaient de s'invectiver.

A un certain moment, l'un d'eux s'arrêta brusquement pour essayer de s'élancer de nouveau sur son adversaire, qui venait de le flétrir de l'épithète humiliante de « foie de tortue ».

Foie de tortue succédant à « crabe bouilli », c'en était trop.

L'insulté, la bouche largement ouverte, réussit à se dégager des agents qui le tenaient et, se ruant sur « œuf de sauterelle », lui croqua le cartilage de l'oreille droite d'un seul coup de dent. Le blessé se mit à hurler.

Les agents appelèrent à l'aide, et on réussit, non sans peine à ligoter étroitement « crabe bouilli » pendant que l'on conduisait, chez un apothicaire du voisinage, l'infortunée victime de cet accès d'anthropophagie.

Nous étions à peine remis de la légère émotion produite par le spectacle de la lutte de ces deux hommes, lorsque notre interprète nous dit :

— Dans la colonie chinoise, on prétendra demain que c'est la faute du résident.

— Pourquoi cela ?

— Parce que, pour un Chinois, tout fonctionnaire est responsable non seulement des actes de ses administrés, mais même des manifestations de la nature.

Quand la famine se produit, c'est parce que le chef de la province mange trop ; quand vient la sécheresse, c'est qu'il boit trop ; quand ses administrés se battent, c'est qu'il a apporté dans sa province de mauvais génies qui jettent la discorde entre les hommes ?

— Ce fonctionnaire ne commande pourtant pas aux éléments ?

— Non, mais il a pour devoir — ce sont les Chinois qui le disent — de ne pas détruire le *fong-choui*, c'est-à-dire l'harmonie de la nature. Les génies malfaisants n'arrivent que lorsque cette harmonie est détruite ; aussi, pour que tout aille bien en Chine, il ne faut rien changer de ce qui existe.

En écoutant notre interprète, nous comprenions de plus en plus comment, dans l'immense Empire Chinois, la marche du progrès était si lente. La superstition s'oppose à toute initiative et maintient la routine séculaire.

On est si rétif à toute innovation que la première locomotive qui parcourut un certain espace en territoire chinois dut être peinte en jaune, toute autre couleur étant de nature à provoquer la colère des génies et à attirer sur les pays traversés par la voie ferrée les calamités de la terre et du ciel.

***

Le point terminus de notre voyage en Extrême-Orient devait être Canton ; aussi, pour nous rendre en cette ville chinoise, prenons-nous un des paquebots de la Compagnie Marty et d'Abbadie, faisant le service entre Haïphong et Hong-Kong. Cette île est située, comme on sait, à l'embouchure de la rivière de Canton et à 236 kilomètres de cette ville.

Trois jours après notre départ du grand port du Tonkin, nous étions dans « l'île aux eaux parfumées », ainsi que Hong-Kong — de son nom primitif « Hiang-Kiang » — est désignée par les Chinois.

Hong-Kong appartient aux Anglais depuis 1841. Ils en ont fait un port admirable, où tous les grands paquebots du monde — nous entendons ceux qui, venant d'Europe ou des Indes, se rendent en Chine et au Japon et *vice versa* — semblent se donner des rendez-vous.

Placé en avant du littoral chinois, ce port est certainement un des plus fréquentés des grands centres situés sur le littoral des mers de l'Extrême-Orient.

L'aspect de Hong-Kong, vue du large, rappelle un peu Gibraltar. Toute la ville s'étage sur les flancs d'une haute montagne. Une végétation admirable donne à ce pays un caractère particulièrement séduisant.

En débarquant, nous sommes arrêtés par des porteurs de chaises qui nous proposent de nous monter au grand hôtel, dont nous avons distingué, de la mer, la grandiose silhouette.

Nous acceptons, et nous voici véhiculés, à travers les larges rues bien dallées et supérieurement entretenues qui serpentent le long de l'énorme rocher basaltique.

Partout, des cottages s'épanouissent au milieu des banians, des bambous et des pins.

Hong-Kong nous a laissé l'impression d'un pays ravissant que les Anglais soignent avec amour.

En un jour, on peut parcourir l'île entière, qui ne compte pas plus de 12 kilomètres du nord au sud et de 16 kilomètres de l'est à l'ouest.

La population la plus bariolée de l'univers s'y rencontre. Il y a là, sans parler des Européens : des Parsis, des Hindoux, des Birmans, des Polynésiens, des Manillais, et surtout des Chinois, qui, sur une population totale de 250.000 habitants environ, fournissent un chiffre de plus de 180.000.

On nous affirme que les Anglais ont créé à Hong-Kong plus de cent écoles fréquentées par 6 ou 7.000 élèves et dans lesquelles on enseigne la langue anglaise en même temps que tout ce qui peut servir utilement les intérêts britanniques.

Toujours pratiques, nos voisins d'outre-Manche !

Vingt-quatre heures de séjour dans un hôtel des plus confortables, où se trouvent réunies les innovations les plus récentes des grandes hôtelleries européennes, et nous partons pour Canton, située à 236 kilomètres. Nous y arrivons le lendemain.

* *

Canton est une des cités les plus curieuses du monde, à ce que racontent ceux qui ont parcouru le globe dans tous les sens.

Nous qui n'avons fait, pour l'instant, que la moitié du tour du monde, nous déclarons hardiment que c'est, en tous cas, une des villes les plus sales de l'Extrême-Orient, additionné de l'Extrême-Occident et des contrées intermédiaires.

Les rues sont étroites, tortueuses et surtout nauséabondes. Une immense population y grouille, et il faut croire que les habitations des vieux quartiers chinois sont bien désagréables, car plus de 300.000 habitants sur 1.800.000 se sont réfugiés sur l'eau.

Le Si-Kiang, sur la rive gauche duquel s'étend cette immense ville, se divise en plusieurs branches formant entre elles des îles dont les bords sont sillonnés de jonques.

Tous les canaux sont envahis par les bateaux. On naît, à bord de ces derniers, on y grandit, on s'y marie, et on y meurt. C'est une véritable ville flottante avec ses boutiques, ses marchés et toute la vie des grandes cités bâties en terrain solide.

Nous avisons un restaurant en pleine eau, ayant inscrit sur ses larges voiles brunes : *Yunk-Poo*. Cela signifie, paraît-il : « Restaurant de viande. »

Nous abordons le restaurant flottant, et nous nous attablons avec un appétit nous permettant de risquer même un menu chinois.

Notre interprète nous traduit la carte. Nous pouvons nous faire servir à notre choix du chat aux châtaignes, des tripes de chien sauce *soja* (en France, on prononcerait *ravigote*), du rat aux bourgeons de bambous, de la tortue en compote, du hibou aux champignons. Comme entremet, un plat rare est offert à nos goûts raffinés : il s'agit d'une casserolée d'yeux de chats à la sauce tartare.

Nous entendons l'énumération de ces divers plats qui, pour un Chinois, seraient sans doute tous plus appétissants les uns que les autres ; mais nous n'avons malheureusement pas su nous débarrasser de nos goûts européens, et c'est avec un dédain visible que notre gargottier nous voit désigner d'un index timide une paire de pigeons pendus à la voilure.

Nous prions notre interprète de lui faire comprendre que nous nous contenterons de ces pigeons et d'une soupe à la tortue.

Nous renonçons même à accepter les œufs durs peinturlurés en vert, nous souvenant qu'au Yun-Nan on nous en avait servi qui avaient été couvés pendant plusieurs jours avant la cuisson.

Nous arrosons de thé notre modeste repas, et nous nous faisons ensuite descendre à terre pour parcourir la ville.

Notre interprète nous traduit les noms des rues et quelques insignes. Il y a la rue des Béatitudes, du Soleil-Bleu, du Nuage-Éclatant, du Dragon-de-Feu, du Poisson-Salé, des délices-Mortelles, des Extases, de la Crevette-Verte, des Amours-Éternelles, etc.

Toutes les boutiques chinoises sont, comme à Hanoï et à Haïphong, dépourvues de vitres, et chaque spécialité se cantonne, d'une façon exclusive, dans un même quartier.

Nous voyons faire en plein vent des incrustations sur laque, de la sculpture sur bois, du brochage de soie, de la peinture sur porcelaine, des tapis, des broderies.

Cette grande ville semble, dans ces bas quartiers, une ruche en travail.

Quand nous revenons au bord du canal pour remonter en bateau, nous apercevons un autel dressé sur une jonque où des bonzes accomplissent une cérémonie religieuse.

A la voilure du bateau sont attachées des bannières blanches. Il paraît qu'il s'agit des funérailles d'un épicier flottant, décédé la veille.

Son épicerie remorquée par la jonque des bonzes traverse la rangée des barquettes amarrées le long du bord du canal.

Un enfant, l'air insouciant, tient le comptoir de la boutique navigante, les joues gonflées par quelque chose sur la nature de laquelle on n'est pas fixé. Est-ce une chique de bétel ? Est-ce une pastille de chocolat ? Mystère !

En tous cas, il n'est pas douteux qu'il abuse des bocaux laissés à portée de sa main.

On ne croirait guère qu'il conduit un deuil.

* *

Nous arrêtons une chambre sur l'eau, dans un des nombreux hôtels ancrés sur le Si-Kiang, et nous nous endormons bercés par une musique d'une étrange douceur. Les musiciens descendent au fil de l'eau, sur un bateau brillanmment illuminé.

Le lendemain matin, nous devons quitter la Chine pour descendre à Saïgon et de là rentrer en France.

Hong-Kong.

Dans le pays des Moïs.

CHAPITRE XXV

UN REGRET DE M. BOLLARD. — AU PAYS DES MOÏS. — UNE NUIT DANS LA FORÊT. — UN RÊVE TROUBLÉ.

— Savez-vous, me demande un matin M. Boniface, en sortant de sa cabine, ce que je regretterai le plus, quand je serai rentré en France ?

— Ce sera, je pense, de n'avoir pas complété un tour du monde, dont vous aurez fait la moitié ?

— Ceci pourrait, en effet, me donner quelque amertume; mais, comme je me promets de voir l'Amérique un jour ou l'autre et de faire un voyage spécial au Japon, mes regrets, à ce point de vue, se trouvent très atténués.

— Vous n'aurez pas vu le Siam.

— Le Siam ne fait pas partie de l'Indo-Chine, et, d'ailleurs, je n'éprouve pas le désir de voir Bangkok. Je sais que le jeu des trente-six bêtes y est toujours en faveur et que cette ville est le plus vaste tripot de tout l'Extrême-Orient. Or je ne voyage pas pour perdre mes écus au jeu.

— Est-ce le Laos à peine entrevu qui vous laisse le regret de n'avoir pu l'explorer ?

— Non, car les villages laotiens bâtis sur pilotis, ressemblent fort aux villages du Cambodge des bords du Mékong.

La population laotienne est également une copie de la population cambodgienne. On trouve chez ces deux peuples les mêmes qualités et les mêmes défauts. L'oisiveté a détruit chez les Laotiens toute énergie, et ils ne sont pas plus capables de se défendre contre une incursion des Siamois que les sujets du roi Norodom.

Ajoutez à cela que les vêtements des Laotiens sont semblables aux vêtements annamites, que la base de la nourriture de ces populations est, comme dans toute l'Indo-Chine, le riz cuit à l'eau et le poisson salé, que leur religion est le bouddhisme et qu'ils sont presque aussi sales que les habitants des bas quartiers de Canton.

Je sais tout cela, et, comme il n'y a rien là que des choses déjà vues, je ne regrette pas de n'avoir point parcouru ces contrées dans toute leur étendue.

— Alors que regrettez-vous ?

— Je n'aurai pas vu les Moïs, et je sais que de Saïgon pour se rendre dans la région montagneuse habitée par ces peuplades il n'y a que trois jours de voyage.

— Eh bien! mais, cher monsieur Boniface, il est encore temps de vous enlever, à ce sujet, tout motif de regret. La mer de Chine se montre relativement clémente depuis plusieurs jours, aussi serons-nous demain à Saïgon, et, avant le départ du prochain paquebot pour la France, il nous restera une semaine à séjourner en Cochinchine. Voulez-vous que nous allions voir les Moïs ensemble ?

— Votre proposition m'enchante, et je l'accepte de tout cœur.

— Très bien ; maintenant, un mot encore : on assure que rien n'est plus facile, dans les forêts du pays des Moïs, de chasser le tigre. Cet animal se trouve partout, et nous pourrions peut-être essayer de rapporter de cette excursion une ou deux superbes descentes de lit. Qu'en pensez-vous ?

— Je pense, monsieur Tartarin, qui n'êtes pas de Tarascon, que rien ne vous empêchera d'aller contempler de près le pelage des tigres, surtout si vous les attendez, héroïquement campé au sommet d'un bon mirador, inaccessible à leurs griffes. De là haut, vous pourrez ressusciter les exploits de Bombonnel et faire, sans en risquer une égratignure, une hécatombe de fauves. Je retiens une des peaux.

— Convenu. J'accepte l'hécatombe.

— Et le mirador, naturellement.

— Hum ! monsieur Boniface, vous m'en demandez plus que je n'en raconterai si je vais à la chasse au tigre.

— Je n'insisterai point ; seulement n'oubliez pas, si vous en tuez trois ou quatre, de me mettre également quelques griffes de côté.

— Vous les ferez monter en broches ?

— Non, je les offrirai au musée de ma ville avec une notice très élogieuse concernant l'héroïque chasseur.

— Votre ironie me désarme d'avance, je renonce à la chasse au tigre et au mirador...

— Mais vous venez quand même au pays des Moïs ?

— Certainement.

— Dans ce cas, tout est pour le mieux. Du reste, ajoute M. Bollard me parlant presque à l'oreille, je connais, rue Catinat, à Saïgon, un bon Chinois qui vous cédera toutes les peaux de tigre que vous voudrez à raison de 50 piastres l'une.

— Merci du renseignement ; j'en userai peut-être.

※
※ ※

Le lendemain nous arrivions à Saïgon ; trois jours après au pays des Moïs.

Depuis longtemps, il existe sur les Moïs une légende dont il nous a été impossible de contrôler l'exactitude et qui prétend que ces peuples, restés en partie sauvages, ont une conformation physique présentant une particularité singulière. Ils auraient une continuation de la colonne vertébrale formant un appendice rigide d'une longueur de 0,20 à 0,25 centimètres.

Les sièges sur lesquels ils ont l'habitude de s'asseoir seraient percés au centre d'un trou permettant aux vertèbres supplémentaires de se loger.

Nous n'avons pu vérifier le fait, les Moïs des tribus du Sud, bien que présentant une certaine ressemblance avec ceux du Nord, n'ont pas l'appendice caudal qu'on affirme exister chez ces derniers.

Voici maintenant ce que nous avons vu :

Après de longues heures de navigation sur un arroyo traversant une forêt de vaste étendue, nous apercevons tout à coup, au débouché des bois, quelques habitations élevées sur pilotis, le plancher à deux mètres du sol.

En nous apercevant, plusieurs indigènes vêtus d'une simple ceinture d'écorce faisant le tour des reins et passant entre les jambes s'enfuient de toute la vitesse de leurs jambes en poussant des cris.

Notre guide nous explique que ces Moïs, longtemps traqués par les Annamites et les Chinois, sont très craintifs et redoutent l'étranger à l'égal des fauves.

En nous approchant des cases reposant sur des bambous

Les Moïs.

et sur des troncs d'aréquiers, nous constatons l'absence d'escalier pour pénétrer dans l'intérieur des maisons.

Une échelle grossièrement construite est en ce moment accrochée horizontalement sur la façade de la case et à une certaine hauteur. On la descend seulement, nous dit-on, lorsque le femme veut rentrer au logis. Quant aux hommes, ils se hissent dans leur maison à la force du poignet.

Nous voici loin des rampes mobiles et des ascenseurs.

Notre guide fait entendre un appel en dialecte du pays pour rassurer ceux qui pourraient se trouver dans l'intérieur de la case et les inviter à nous laisser visiter leur habitation.

Une tête effarée, surmontée d'une tignasse broussailleuse, se montre à l'une des ouvertures.

Le guide lui parle d'une voix douce, et ce qu'il lui dit doit être bien convaincant, car, une minute après, une échelle de trois échelons était descendue pour nous rendre l'ascension plus facile.

Nous voici dans l'intérieur de la maison. Le mobilier est d'une simplicité difficile à dépasser : il se compose de quatre nattes et d'un foyer fait de deux larges pierres sur lesquelles repose une marmite en terre. Accrochée à l'un des montants supportant la toiture en feuillage, nous remarquons deux arbalètes, des flèches, une lance et une cognée.

Le Moïs, très sobre, se nourrit du riz qu'il cultive et du produit de sa chasse.

Il emploie deux moyens pour se procurer du gibier : il se sert de son arbalète, ou dresse des pièges.

La cognée est un instrument indispensable à l'indigène, non seulement pour abattre le bois nécessaire à son foyer, mais aussi pour l'aider à se frayer un passage à travers l'épaisse forêt vierge, où la végétation, poussant au hasard des sèves, présente partout des embroussaillements inextricables.

Il n'y a là ni chemins, ni sentiers, et, le jour où nous devrons ouvrir des routes, c'est probablement à l'incendie que nous devrons recourir.

Ce jour, toutefois, ne semble pas prochain, les communications avec le pays des Moïs ne présentant à l'heure actuelle qu'une utilité très relative.

Le jeune Moïs qui nous a ouvert sa demeure est allé se blottir, accroupi, dans un coin, et nous observe d'un œil craintif.

Notre interprète lui adresse de nouveau la parole et réussit à le rassurer, car l'adolescent se décide à se lever et à quitter sa place.

Il se dirige vers la porte de la case — non sans avoir fait un détour pour ne point passer trop près de nous — et se laisse glisser dehors.

— Il va chercher ses camarades, nous dit le guide, et les assurer de nos très pacifiques intentions.

Nous regagnons le sol en nous servant de l'échelle rustique dont M. Bollard achève, par son poids, la dislocation.

Un instant après, toute la famille du Moïs propriétaire de cette case était réunie sous le plancher de la maison.

Nous les plaçons sur un rang et auprès d'eux notre guide et sa congaye, compagne fidèle n'ayant pas consenti à se séparer de son époux, même pour quelques jours.

M. Bollard braque sur le groupe son appareil photographique et, avec un soupir de satisfaction, nous dit :

— Il n'y a pas grand'chose à emporter de ce pays, mais je pourrai, du moins, présenter à mes concitoyens un échantillon du type des Moïs.

Pendant que M. Boniface prépare son appareil, un enfant indigène, saisi de frayeur, s'enfuit à toutes jambes. Les autres membres de la famille nous donnent la satisfaction de se prêter sans résistance à la petite opération. Ils ne semblent pas très rassurés néanmoins, et c'est avec un air visiblement soulagé qu'ils nous voient, un instant après, regagner notre chaloupe, laissée à quelques cents mètres de là, et repartir sous la haute voûte de verdure que la forêt arrondit en dôme au-dessus de nos têtes.

* * *

— Nous ferions sagement de passer la nuit en forêt, nous fait observer notre guide, car la navigation, déjà difficile pendant le jour, devient impossible dans les ténèbres. Il y a des endroits où l'arroyo n'a pas 5 mètres de large. Un arbre renversé, un éboulement du talus, une pierre peuvent nous arrêter, et même nous faire échouer. Il y a, a 5 kilomètres d'ici, au milieu des bois, une sorte de lac que traverse la rivière. Nous pourrions nous arrêter au milieu, afin d'être à l'abri de surprises dangereuses.

— De la part des indigènes?

— Non, de la part des fauves.

— Nous acquiesçons à la judicieuse observation de l'interprète, et, une heure plus tard, nous stoppons au centre d'un étang de 5 à 600 mètres de circonférence environ et dont la profondeur, mesurée à la perche, indique $2^m,25$ d'eau.

La forêt nous entoure de toute part. La nuit vient, une nuit noire, sans étoiles.

Dans la profondeur des futaies, des oiseaux de nuit échangent des cris ressemblant tantôt à des appels, tantôt à des plaintes. Une vapeur tiède monte de l'eau nous imprégnant d'une atmosphère lourde et dont aucune brise ne vient tempérer la chaleur.

— Ce serait peut-être le moment d'aller à la chasse aux tigres, insinue avec un peu d'ironie dans la voix M. Boniface.

— Il n'y a pas de mirador.

— Est-ce que vous jugez ce refuge aérien absolument indispensable? interroge le mauvais plaisant.

— Je conviens qu'à la rigueur je pourrais m'en passer.

— En montant sur un arbre à tronc lisse?

— Non, en restant tranquillement ici et en guettant le tigre que le hasard amènera peut-être sur les bords de l'étang.

— Vous ne le verriez pas à 10 mètres. En dehors du rayonnement du falot de la chaloupe, on ne distingue rien.

— Alors je ne chasserai pas cette nuit.

— Adieu ma descente de lit! Bonsoir les griffes de tigre pour le Musée de ma ville! gémit M. Bollard.

— Vous oubliez le Céleste de la rue Catinat.

— C'est vrai. Je ne songeais plus qu'il vous restait la possibilité de chasser le tigre à Saïgon, dans une boutique de peaussier chinois.

— Bonsoir, monsieur le plaisantin.

— Bonne nuit, monsieur Tartarin.

*
* *

Les derniers bruits de la forêt se sont éteints. On n'entend même plus le cri des oiseaux de nuit qui, tout à l'heure, se répondaient.

Pas un souffle d'air ne ride la surface des eaux, qui reflètent placidement la lumière projetée par la lanterne du mât.

Autour de nous, tout est silence.

Le ciel reste sombre comme la ceinture de forêt enserrant l'étang où flotte, à l'ancre, notre chaloupe.

Je suis le seul qui veille encore à bord, et, l'œil fixé sur les ténèbres, je sens, peu à peu, une impression de mélancolie m'envahir.

Tout à coup, une sorte d'aboiement rauque éclate dans la nuit... Kop!... Kop!... c'est loin, très loin de nous; puis l'aboiement se rapproche, s'éloigne de nouveau, et tout retombe dans le silence.

C'est le tigre qui chasse sous bois.

Mes paupières s'appesantissent... mes yeux se ferment, et le commencement d'un rêve se dessine.

Je me vois à l'affût, j'attends le tigre, non pas du haut d'un mirador, mais derrière un arbre, le fusil prêt à mettre en joue, l'oreille tendue.

A cet instant, un rugissement éclate auprès de moi et je me réveille brusquement.

C'est M. Bollard qui ronfle.

JUGES HINDOUS.

CHAPITRE XXVI

RETOUR

Nous nous sommes embarqués à Saïgon il y a quelques jours. Le paquebot qui nous emporte vers la France doit s'arrêter aux mêmes escales, ce qui rend inutile une nouvelle description détaillée de la route de mer précédemment parcourue.

M. Boniface Bollard emporte dix-sept caisses contenant tous les échantillons de la flore de l'Indo-Chine.

— J'ai dans mes colis, me dit-il, 131 familles de dycotylédonées, 31 familles de monocotylédonées et 12 familles d'acotylédonées.

Je feins d'être ravi d'apprendre cette heureuse nouvelle, et je le félicite de rapporter de si remarquables collections.

M. Boniface reprend :

— Vos félicitations sont ironiques ; mais, quand vous me ferez le plaisir de venir me demander à déjeuner chez moi, vous serez très heureux de goûter d'une certaine gelée parfumée dont je rapporte les principes dans mes herbiers.

— Vous espérez prendre un brevet ?

— Pas le moins du monde, d'autant plus que je n'ai rien inventé. J'importe, tout simplement.

— Et quelle est la composition de cette gelée merveilleuse ?

— Si je vous répondais que c'est une algue qui en est la base, et que cette algue est le *gelidium spiniforme*, dont je vous ai déjà parlé au Cambodge, en seriez-vous plus avancé ?

— Mon cher monsieur Boniface, je n'insiste pas. J'irai goûter votre gelée, et mes indiscrétions n'iront plus jusqu'à solliciter de vous l'analyse des principes entrant dans sa composition. Il est toutefois une chose qui m'intéresse davantage et dont j'attends de vous la révélation.

— Je vous écoute.

— Je n'ai pas oublié que vous avez découvert un remède infaillible contre le mal de mer. Ne pourriez-vous pas me le communiquer ?

— En quoi cela vous toucherait-il ? Vous supportez la mer comme un mathurin ayant vingt ans de roulis dans les jarrets.

— D'accord, mais je n'habite pas plus que vous l'île de Robinson Crusoé, et il est bon nombre de nos concitoyens que cette révélation pourrait intéresser.

M. Bollard réfléchit un instant, sourit et me dit à l'oreille :

— Je n'ai jamais trouvé le moindre remède au mal de mer, et mon affirmation à bord du *Calédonien* était une simple plaisanterie.

Surpris de cette réponse, je dis à M. Bollard :

— Pourtant, je vous ai vu très malade pendant quelques jours...

— Et tout à fait vaillant pendant le reste de la traversée, n'est-ce pas ? Eh bien ! cela tient à un ordre de phénomènes dont je n'ai pas la spécialité. Quand je m'embarque, j'ai toujours le mal de mer, et vous savez comme moi que plus d'un marin, — y compris des officiers de tous grades, — se trouvent dans ce cas.

Chez les uns, le mal dure vingt-quatre heures ; chez les autres, il varie entre deux, trois et quatre jours. Je ne parle pas de ceux qui l'ont constamment et dont chaque minute passée en mer est une minute de souffrance.

Or, j'appartiens à la deuxième catégorie.

Aussitôt que chez moi l'appétit réapparaît, la crise est passée pour ne plus revenir pendant la traversée, si longue et si pénible soit-elle. Je puis, à partir de ce moment, supporter tous les tangages et tous les roulis combinés. Voilà l'explication de la transformation dont vous avez pu constater les effets.

*
* *

M. Bollard m'a-t-il dit la vérité ?

Je le crois, car sa bienveillance naturelle, sa philanthropie éclairée ne lui permettraient pas de dissimuler un remède dont l'humanité tirerait un profit.

En tout cas, la porte reste ouverte aux recherches, le problème, depuis longtemps posé, n'ayant toujours pas reçu de solution.

*
* *

Pendant un nouveau séjour de quelques heures à Singapoor, nous rencontrons un éléphant transportant une pièce de bois devant servir à la construction d'une maison appartenant à son maître. Deux juges hindous, assis auprès d'un parapet, ne se dérangent pas pour laisser passer l'animal. Délicatement, ce dernier les évite.

Le mastodonte marche d'un pas grave et semble pénétré de la mission qui lui est confiée.

Il sert les maçons et les charpentiers. Un jour ou l'autre, on lui fera laver la vaisselle.

L'éléphant est, du reste, un animal merveilleusement intelligent, apte à une foule de besognes, même à celles qui nécessitent un travail d'une extrême délicatesse.

Ainsi, à l'aide de l'extrémité de sa trompe, il décortique très bien un tronc d'arbre, enlevant l'écorce avec une précaution extrême.

La reconnaissance de l'éléphant pour l'homme qui lui manifeste de la sympathie est une chose des plus curieuses.

Après un voyage de six mois aux Indes, un de nos compatriotes nous a raconté que l'éléphant lui servant de monture s'était vivement attaché à lui. Cette bonne bête ne se contentait pas de le porter : tout le long des chemins elle brisait, à l'aide de sa trompe, les branches qui auraient pu effleurer la tête de son maître provisoire.

Il y a des domestiques moins attentionnés !

Les soins à donner à un éléphant exigent une préoccupation constante.

Sa ration de chaque jour se compose de vingt-cinq livres de farine de blé environ ; on en fait une pâte en additionnant ce plat, d'apparence indigeste, d'une demi-livre de sel.

On confectionne ensuite une douzaine de gâteaux destinés à fournir le menu des deux repas de l'éléphant.

En forêt, le mastodonte cueille des branches, dont il compte s'offrir l'écorce, en guise de dessert, une fois arrivé au campement.

La docilité de l'éléphant est si grande qu'il se laisse très bien attacher à un arbre par une ficelle.

Il ne tentera rien pour briser ce faible lien, dont le plus léger effort le débarrasserait.

M. Boniface, qui nous narre ces choses, ajoute:

— Remarquez aussi que l'éléphant, dans l'ignorance où il se trouve des progrès de la science médicale, se passe très bien de vétérinaire.

Il se soigne lui-même et se purge avec des herbes soigneusement choisies. Dans son intéressant livre sur *l'Inde des*

A SINGAPOOR.

Rajahs, M. L. Rousselet affirme que l'éléphant fait des boules de terre d'une glaise rouge et les avalle pour combattre les vers intestinaux auxquels il est très sujet.

— Eh bien! continue M. Bollard, supposez un homme né et élevé au milieu des forêts, loin de toute civilisation, ignorant de toute science ou, du moins, de tout ce qui s'apprend dans nos écoles et dans la vie courante d'un peuple civilisé. Pensez-vous qu'il serait beaucoup plus intelligent qu'un éléphant?

— Dans ce cas, répond plaisamment quelqu'un, pourquoi n'essayez-vous pas de parfaire l'éducation d'un éléphant apprivoisé et ne tentez-vous point de l'instruire?

— Hum!... Je pense qu'il refuserait de s'y prêter.

— C'est probable.

— Et savez-vous pourquoi?

— ???

A Colombo.

— Tout simplement parce qu'il n'a aucun besoin d'apprendre quelque chose pour gagner sa vie. Il lui suffit de savoir se servir habilement de sa trompe pour traverser l'existence en éléphant pleinement satisfait... Et puis...

— Et puis?

— L'éléphant est un animal sagace qui a dû constater déjà que l'instruction donnée à l'homme ne l'empêche pas toujours d'être un sot.

Cette boutade termine la conversation sur les éléphants.

La traversée du détroit de Malacca a lieu sans incident.

Voici maintenant Colombo et son original bateau-balancier.

Puis, la traversée de l'Océan Indien, l'entrée dans le détroit de Bab-el-Mandeb, la montée de la mer Rouge, dont les 40° Centigrades nous enlève tout appétit, malgré les énergiques balancements du panca nous éventant pendant les repas.

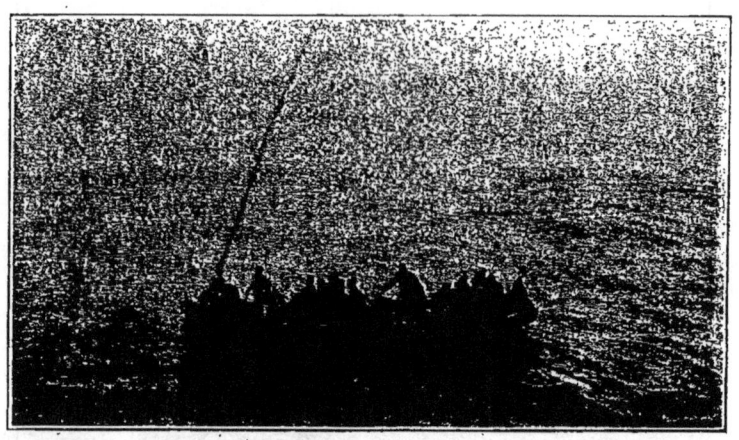

A Suez.

Nous stoppons trois heures à Suez; plusieurs passagers débarquent, quelques-uns d'entre eux désirant se rendre au Caire par la voie ferrée, faire une halte de quelques jours aux Pyramides et s'embarquer à Alexandrie pour rentrer en France.

Puis c'est le long défilé à travers le canal de Suez, les heures d'étuve entre les monticules de sable et enfin Port-Saïd, dernier port d'escale avant l'arrivée à Marseille.

Nous errons à travers les rues de cette ville, et nous lui retrouvons la physionomie qu'elle avait lors de notre premier passage. Rien ne change à Port-Saïd.

Ce caravansérail conserve en toute saison le même aspect, la même animation et fait promener par les rues les mêmes objets de commerce offerts aux voyageurs descendant des paquebots.

Nous remontons à bord vers trois heures du soir, le départ devant avoir lieu à cinq heures.

Une rue de Port-Saïd.

Les passagers ont quitté le costume de toile et le casque colonial. Nous entrons dans la Méditerrannée et, en nous éloignant de l'Asie et de la côte africaine, nous reprenons les usages européens.

Dans quatre ou cinq jours nous serons à Marseille.

La pensée du retour prochain dans notre beau pays de France a mis de la joie sur les fronts. La mer est admirablement calme. Les deux cheminées de notre paquebot jettent des torrents de fumée, qui s'éparpillent derrière nous et descendent lentement, en volutes grises, vers les flots qui semblent les absorber.

Chaque tour d'hélice nous rapproche de notre chère patrie, et nous avons au cœur la sensation délicieuse que procure le retour, après les longs mois de séparations et les tristesses des isolements.

De là-bas, la France nous avait peut-être paru plus grande, plus prestigieuse.

Nous avions encore dans les yeux le féerique panorama des pays entrevus, et notre cœur avait souvent battu lorsqu'en ces régions lointaines, au milieu de peuples parlant une langue différente de la nôtre et ayant d'autres aspects physiques, d'autres mœurs, d'autres usages, nous avions vu, sur quelque habitation dominant le pays, flotter au vent les trois couleurs de notre drapeau.

Nous éprouvions alors quelque chose ressemblant à de la vanité en constatant ainsi l'influence de la France, son action puissante et son prestige au dehors.

En nous rapprochant de la patrie, ce sentiment d'orgueil s'effaçait peu à peu pour faire place à une émotion d'une étrange douceur.

Le fils qui va revoir sa mère éprouve des sensations de ce genre.

Il faut avoir voyagé dans les pays lointains, s'être trouvé en terre étrangère pendant de longs mois, pour se rendre compte de ces choses.

Qui reste chez lui ne connaît pas une des joies les plus grandes, celle des retours après les longues absences.

Qui n'a pas été dans les contrées lointaines n'a pas la mesure exacte de l'affection qui sommeille dans son cœur pour cette mère-patrie, dont il a pourtant l'orgueil et la légitime fierté.

TABLE DES MATIÈRES

CHAPITRE PREMIER

Départ de Marseille. — Les passagers du *Calédonien*. — M. Boniface Bollard a le mal de mer. —Bonifacio. — Les îles Lavezzi. — L'écueil. — Le naufrage de *la Sémillante*. — Le passage de l'Ours. — Le Stromboli. — Messine.. 1

CHAPITRE II

En mer. — M. Boniface Bollard. — Une partie de loto. — Port-Saïd. — La vente des timbres-poste. — Faites vos jeux, Messieurs. — Dans le canal de Suez. — Ismaïlia. — Les lacs amers. — Les bouées lumineuses. — Nous entrons dans la mer Rouge... 15

CHAPITRE III

La mer Rouge. — Les poissons volants. — La vie à bord. — Le respect du Protocole. — L'île de Périm. — La tempête. — Un remède contre le mal de mer. — Arrivée à Djibouti....................................... 29

CHAPITRE IV

Les rameurs Somalis. — Les mésaventures d'un tailleur. — Les cafés de Djibouti. — Avatars d'un fiacre antique. — Le chameau porteur d'eau. — La ville indigène. — M. Bollard fait une nouvelle découverte....... 47

CHAPITRE V

Dans l'océan Indien. — Un brusque arrêt à 1.500 kilomètres d'une terre. — La ceinture de sauvetage. — Explication rassurante. — A Colombo. — La pagode de Kelany... 53

CHAPITRE VI

A l'hôtel de Mont-Lavignia. — Un diner indien. — Un prestidigitateur. — Un négociant parsi. — Une cérémonie religieuse dans la nuit. — Le bateau-balancier. — Arrivée à Singapoor............................. 67

CHAPITRE VII

Promenade au musée et au jardin zoologique de Singapoor. — Poulo-Condor.— Arrivée à Saïgon. — Une chambre confortable. — La fête du Têt. — Le jeu de bacouan. — Les fumeurs d'opium. — La pagode de Goap. — Le râtelier du roi Norodom 81

TABLE DES MATIÈRES

CHAPITRE VIII

Départ pour le Cambodge. — Les Annamites du bord. — Une nouvelle venue de France. — Le *Gelidium spiniforme*. — A Pnom-Penh. — La pagode de la Reine-Mère. — Une audience du roi Norodom...................... 97

CHAPITRE IX

Au théâtre chinois de Pnom-Penh. — Les ministres du roi. — Une anecdote. — Arrivée à Kompong-Cham. — Les ruines de Wath-Nokor. — Histoires variées sur les serpents du Cambodge............................ 115

CHAPITRE X

Les charrettes à bœufs. — La pagode de la Reine-Mère. — Les trente-deux beautés de Bouddha. -- Aux tombeaux des rois Kmers. — Angkor-la-Grande... 131

CHAPITRE XI

Les remèdes cambodgiens. — Le fiel humain et les cailloux roulés. — Les singes de la forêt. — Le sorcier de la pagode de Kiem-Si........... 143

CHAPITRE XII

A la pagode de Kiem-Si. — La punition d'un ancien roi Kmer. — Une fâcheuse prédiction. — Les moustiques de Chaudoc. — Le dîner en sac. — Deux singulières nouvelles... 157

CHAPITRE XIII

Une ferme annamite dans les bois. — Un accueil cordial. — A la recherche de M. Bollard. — L'*Isonandra Krantzii* et le *Dalbergia*. — Une engageante hospitalité.. 169

CHAPITRE XIV

A Cantho. — Départ pour l'Annam. — Un orage dans les mers de Chine. — Nha-Trang. — Arrivée à Tourane. — La route du col des Nuages......... 183

CHAPITRE XV

A la recherche d'un insecte nourrissant. — La ville de Hué. — Visite aux tombeaux des rois. — Gia-Long, Minh-Hang et Tu-Duc 199

CHAPITRE XVI

Les arènes de Hué. — Une visite au collège annamite. — Les fonctionnaires de l'Annam... 211

CHAPITRE XVII

En pousse-pousse à travers les rues de Hué. — Les marchands annamites. — Une audience de l'empereur Thanh-Thay. — Les funérailles d'un mandarin... 223

CHAPITRE XVIII

La barre de Thuan-An. — En chaloupe chinoise. — Les montagnes de marbre. — Les bonzes de la montagne. — Une visite à la plantation Bertrand. — Un repas chinois 237

TABLE DES MATIÈRES

CHAPITRE XIX
Un boy voleur. — Le thé et le café de M. Bertrand. — Départ pour le Tonkin. La baie d'Along. — Haïphong. — Sur le fleuve Rouge 255

CHAPITRE XX
Sur le fleuve Rouge. — Les pirates de Song-Koï. — Hanoï. — Les supplices en Extrême-Orient. — Le culte de Bouddha...................... 273

CHAPITRE XXI
Visite aux pagodes. — Un bonze de cent dix ans. — Une exécution de pirates. 287

CHAPITRE XXII
Sur le fleuve Rouge. — Kop va manger la lune. — Lao-Kay. — Quelques jours au Yun-Nan. — Le tarif des hôtelleries chinoises 303

CHAPITRE XXIII
Les auberges du Tonkin. — Le nuoc-man. — Une soirée chez un fumeur d'opium 319

CHAPITRE XXIV
A la plage de Don-Son. — Un pugilat entre Chinois. — Hong-Kong. — Deux jours à Canton. — Le restaurant flottant........................ 331

CHAPITRE XXV
Un regret de M. Bollard. — Au pays des Moïs. — Une nuit dans la forêt. — Un rêve troublé 343

CHAPITRE XXVI
Retour.. 355

TABLE DES GRAVURES HORS TEXTE

Le détroit de Messine, vue prise de Messine.......................... 7
Port-Saïd.. 19
Charrette à bœufs à Colombo.. 57
La pagode de Govap... 87
La grande pyramide de Pnom-Penh...................................... 99
Les bonzes de la grande pagode....................................... 103
Le palais du roi Norodom à Pnom-Penh................................. 107
Un marché à Pnom-Penh.. 119
Un paquebot sur le Mékong (Compagnie des Messageries fluviales)...... 125
Ruines d'Angkor-Wath... 135
Types cambodgiens.. 149
Village sur pilotis (bords du Mékong)................................ 161
Une femme annamite... 175
Les coolies du « tram », route du col des Nuages..................... 191
Tombeau de Tu-Duc.. 203
Rivière de Hué... 215
Réception chez un mandarin... 229
Cérémonie bouddhique dans la grotte.................................. 241
Tombeau d'un mandarin.. 247
Rade de Tourane.. 261
Rocher dans la baie d'Along.. 265
Hanoï.. 279
Un bonze de cent dix ans... 291
Une exécution de pirates... 295
Une ferme au Tonkin.. 307
Thanh-Hoï (vue générale)... 311
Une route au Tonkin.. 321
Plage de Do-Son.. 333
Les Moïs... 347

www.ingramcontent.com/pod-product-compliance
Lightning Source LLC
Chambersburg PA
CBHW060613170426
43201CB00009B/1004